MERIAN *live!*

W0178043

BALI

Dudy Anggawi, **Sophie Anggawi** und **Silke Behl**. Eine binationale Familie. Zwei Generationen. Drei unterschiedliche Perspektiven. Dudy Anggawi ist Künstler, Sophie Anggawi Ethnologin und Silke Behl Journalistin. Für sie alle ist Bali das zweite Zuhause.

Familientipps		FotoTipp
Barrierefreie Unterkünfte		Ziele in der Umgebung
Umweltbewusst Reisen		Faltkarte

Preise für ein Doppelzimmer mit Frühstück:

€€€€	ab 150 US-$
€€€	ab 80 US-$
€€	ab 40 US-$
€	bis 40 US-$

Preise für ein dreigängiges Menü ohne Getränke:

€€€€	ab 25 US-$
€€€	ab 15 US-$
€€	ab 10 US-$
€	bis 10 US-$

INHALT

◄ Morgendliches Bali: Bei Petulu
(► S. 35) ragt das Dach eines Tempels
aus der tropischen Vegetation.

Unterwegs auf Bali 36

Der Norden

Der Westen

Zentralbali   Der Osten

Der Süden

Touren und Ausflüge 100

Wissenswertes über Bali 108

Karten und Pläne

Willkommen auf Bali

Für die meisten Balinesen ist ihre Heimat ein Paradies, und auch für Urlauber scheint die »Insel der Götter« der Himmel auf Erden zu sein.

Nach etwa 16 Stunden Flug von Europa steigt man aus dem Flugzeug und wird sofort verführt von der tropischen Hitze und dem Duft von Frangipaniblüten. Der erste Eindruck: Chaos und viel Verkehr. Wer den touristischen Süden hinter sich lässt, wird dann aber schnell entschädigt. Der Weg führt durch wunderschöne Landstriche, hinter jeder Kurve warten neue Postkartenmotive. Langweilig wird es nie, denn der balinesische Alltag findet am Straßenrand statt.

Bali ist eine paradiesische Insel: Die Menschen lächeln viel und sanft, Tempel reiht sich an Tempelchen, die Sonne sinkt glutvoll ins Meer, und überall liegen Opfergaben. Es sind kleine geflochtene Körbe, gefüllt mit Blüten, Früchten und Reis. Sie sollen Häuser und Straßen vor Dämonen bewahren.

Dschungelwälder und Savanne

Die Schönheit der Insel lässt niemanden unberührt. Mensch und Natur haben sich auf nur 5600 Quadratkilometern eine Menge einfallen lassen. Tropische Temperaturen herrschen im Süden, der Landschaft der sattgrünen Reisterrassen, und in den Dschungelwäldern des unwegsamen Westens. Dichter Urwald überzieht rund ein Drittel der Insel.

◄ Der Alltag auch junger Mädchen auf Bali ist von religiösen Riten geprägt.

Die trockene Vegetation der Savanne herrscht im Süden auf der Halbinsel Bukit vor, deren bizarre Steilküste zum Indischen Ozean jäh abbricht. Ein Gebirgszug erstreckt sich von Osten nach Westen quer über die westlichste der kleinen Sunda-Inseln. Er gehört zu den ruhelosesten Vulkangürteln der Welt.

Feucht und frisch ist es im Hochland. Balis Hinterland wirkt wie ein Kunstwerk: geformt aus Vulkanen, tiefen Schluchten und sanften Hügellandschaften, eingerahmt von Palmenhainen und modellierten Reisterrassen. Sie zählen zu den schönsten der Welt. Auf den majestätischen Vulkanen hocken die Götter, glauben die Balinesen, Dämonen an Flüssen und am Meer. Die Asche färbte die Strände des Nordens schwarz. Kenner wissen gerade diesen Küstenstrich zu schätzen, denn er ist touristisch längst nicht so überlaufen wie der betriebsame Süden mit seinen weißen, kilometerlangen Stränden, seinen Korallenriffen und einer oft stürmischen Brandung.

Steigende Besucherzahlen

Man sagt, Bali sei das Mallorca der Australier, die wegen der berühmten Wellen in Scharen anreisen. Wenn man in Orten wie Legian und Kuta im Stau steckt, weil die Straßen zum Flughafen verstopft sind, ahnt man, dass die Zahl der Besucher jährlich steigt, und spürt, dass der Massentourismus seine Spuren hinterlassen hat. Der Unterschied zu Mallorca ist jedoch, dass selbst in Kuta – wie überall auf Bali – die Spiritualität spür- und sichtbar ist: Jede Menge Götterskulpturen, Opfergaben und Haustempel finden sich auch in dieser Touristenhochburg.

Gelebte Religiosität – Meditation und Feste

Bali ist die letzte hinduistische Enklave in dem vom Islam beherrschten indonesischen Archipel. Religion ist Leben, und Leben ist Religion auf Bali. Tausende von Tempeln zeugen davon, wie bedeutsam die Religion für das Leben der Balinesen ist. Allein 30 000 Tempelanlagen zählt die Insel. Die Stille der Meditation ist hier ebenso zu Hause wie das turbulente Festgepränge – Gegensätze, an denen sich die Balinesen überhaupt nicht stören. Indonesien gilt als Schwellenland. Für die Menschen ist das Leben nicht leicht, aber sie meistern es mit Gelassenheit und Daseinsfreude – die vielen Feste zeugen davon. Ein positives Lebensgefühl, dem schon so mancher Fremde erlegen ist.

In kaum einem anderen Teil Südostasiens haben sich Kunst und Kultur so reich entfaltet wie hier. Sie sind Bestandteil des täglichen Lebens: Künste und Handwerk beziehen ihre Kraft aus der alles durchdringenden Religiosität. Die Silberschmiede in Celuk, die Steinmetze in Batubulan, die Holzschnitzer von Mas und die Maler von Ubud, bis hin zum Bauern, der das Reisfeld bearbeitet, dem Kind, das die schnatternde Entenschar vor sich hertreibt, den Frauen mit den hoch aufgetürmten Opfergaben auf dem Weg zum Tempel, sie alle legen lebendiges Zeugnis ab für Balis Ehrentitel: »Insel der Götter«.

MERIAN TopTen

MERIAN zeigt Ihnen die Höhepunkte der Insel: Das sollten
Sie sich bei Ihrem Besuch auf Bali nicht entgehen lassen.

Auch wenn Traumstrände mit diversen Aktivitäten und eine reiche Unterwasserwelt locken – für einen reinen Badeurlaub ist Bali viel zu schade. Die Insel mit ihrer einzigartigen Kultur, ihren unzähligen Tempeln, tropischer Fülle und faszinierenden Vulkanlandschaften garantiert tolle Entdeckungsreisen und Ferientage mit Genüssen aller Art. Und lassen Sie sich auf die freundlichen Balinesen ein, Sie werden es nicht bereuen.

MERIAN TopTen 360°

Damit Sie sich vor Ort schneller orientieren können, finden Sie zu ausgewählten MERIAN TopTen auf den folgenden Seiten Umgebungskarten mit Restaurant-, Einkaufsempfehlungen und Tipps für weitere Sehenswürdigkeiten.

1 Museum Pasifika, Nusa Dua
Kunst und Artefakte aus Asien und dem gesamten pazifischen Raum (▸ S. 58).

2 Fischmeile in Jimbaran
Nach Sonnenuntergang verwandelt sich der Strand in ein riesiges Freiluftrestaurant (▸ S. 60).

3 Pura Luhur Uluwatu
Balis südlichster Tempel liegt hoch über dem Meer und bietet tolle Ausblicke (▸ S. 62).

4 Neka Art Museum, Ubud
Ein hervorragender Überblick über die balinesische Malerei der letzten 100 Jahre (▸ S. 68).

5 Gunung Kawi (Königsgräber)
Das Flusstal mit den Denkmälern für König Anak Wungsu ist voller Mystik (▸ S. 73).

6 Wasserpalast Tirta Gangga
Das Wasser vom heiligen Berg Gunung Agung soll die Badenden verjüngen (▸ S. 81).

7 Pura Besakih
Der Muttertempel aller Balinesen liegt hoch in den Bergen, auf etwa 1000 m Höhe (▸ S. 84).

8 Botanischer Garten Kebun Raya
Der riesige, einzigartige Kebun Raya bietet Abenteuer für die ganze Familie (▸ S. 94).

9 Pulau Menjangan
Rund um die Insel Menjangan liegt eines der schönsten Tauchreviere (▸ S. 99).

10 Odalan (Tempelfeste)
Das jährliche Gründungsfest ist das schönste der zahlreichen Tempelfeste auf Bali (▸ S. 116).

© MERIAN-Kartographi

360° Halbinsel Bukit

MERIAN TopTen

1 Museum Pasifika
Gezeigt werden Werke aus Asien und dem gesamten pazifischen Raum (▸ S. 58).
Nusa Dua

2 Fischmeile in Jimbaran
Ob Lobster, Barrakuda oder Tintenfisch – alles kommt frisch vom Grill. Allabendlich verwandelt sich der Strand des ehemaligen Fischerdorfes Jimbaran in ein Freiluftrestaurant (▸ S. 60).

3 Pura Luhur Uluwatu
Balis südlichster Tempel liegt in schwindelnder Höhe über dem Meer. Eine Treppe führt hinauf auf den Felsen – er verkörpert das Schiff von Dewi Danu, der Göttin der Meere und Seen (▸ S. 62).

ESSEN UND TRINKEN

1 Bebek Bengil
Ente im Bananenblatt oder kunstvoll geröstet? Das Strandrestaurant liefert die leckere balinesische Spezialität in allen Varian-

ten, auch die legendäre »bebek betutu« (▸ S. 60).
Nusa Dua Resort Area

EINKAUFEN

2 **Bali Collection**
Ein ganzes Dorf nur zum Shoppen und Schlemmen. In einem riesigen Park verteilen sich unterschiedlichste Läden. Von Kunsthandwerk über Antiquitäten bis Mode ist alles zu haben, was Urlauber interessiert (▸ S. 60).
Nusa Dua Tourism Complex

AM ABEND

3 **Rock Bar**
Die Bar scheint zwischen Himmel und Meer zu schweben und wird schon ab Sonnenuntergang richtig voll (▸ S. 61).
Jimbaran

4 **Kecak-Tanz**
Jeden Abend wird im Amphitheater neben dem Tempel Pura Luhur Uluwatu der Kecak-Tanz gezeigt (▸ S. 63).
Beim Tempel Pura Luhur Uluwatu

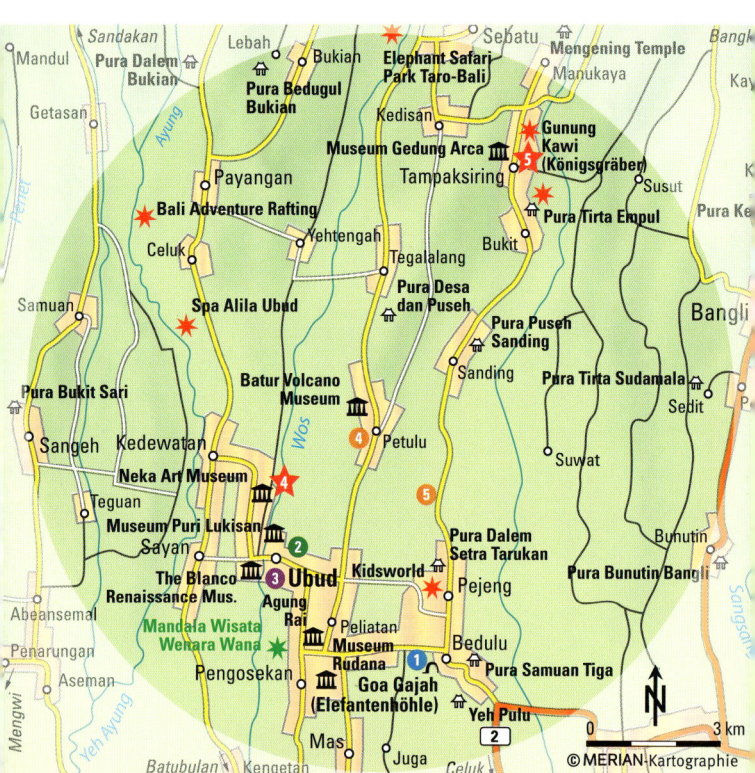

360° Ubud

MERIAN TopTen

4 Neka Art Museum
Ein Jahrhundert der balinesischen Kunst. Hier hängen Bilder jener europäischer Maler, die den Mythos vom Inselparadies um die Welt trugen (▶ S. 68).
Raya Campuhan, Kedewatan

5 Gunung Kawi (Königsgräber)
Die Königsgräber wurden im 11. Jh. aus massivem Fels herausgearbeitet und liegen an einem verwunschenen Ort. 317 Stufen geht es durch tropisches Grün in eine Schlucht hinab (▶ S. 73).
13 km nordöstl. von Ubud

SEHENSWERTES

1 Goa Gajah (Elefantenhöhle)
Die Höhle zählt zu den ältesten Monumenten Balis (▶ S. 73).
4 km südöstl. von Ubud

ESSEN UND TRINKEN

2 Café Lotus
Seerosenbassins, Bali-Architektur und ein lässiges »savoir viv-

re« machen das Restaurant zu einem der beliebtesten Treffpunkte der Künstlerstadt. Indonesische und europäische Küche (▸ S. 70).
Jl. Raya

AM ABEND

3 **Casa Luna**
Künste und Künstler. Restaurant mit ausgefeiltem Programm. Von Poetry Slam bis Jazz ist alles dabei. Hier ist jede Woche was anderes los (▸ S. 72).
Jl. Raya Ubud

AKTIVITÄTEN

4 **Die Reiher von Petulu** 👥
Zigtausende Reiher lassen sich allabendlich auf den Bäumen und Feldern von Petulu nieder. Ein einmaliges Schauspiel (▸ S. 35).
4 km nördl. von Ubud

5 **Reisterrassen von Ubud**
Nur ein paar Hundert Meter vom Zentrum entfernt beginnen die Reisfelder. Ein Spaziergang vor Sonnenuntergang ist besonders schön (▸ MERIAN Tipp, S. 16).

360° Amlapura

MERIAN TopTen

6 **Wasserpalast Tirta Gangga**
Der Palast erstreckt sich über drei Ebenen. Dämonen und Fabelwesen bewachen die heiligen Wasser, in denen Besucher baden dürfen (▸ S. 81).
7 km nördl. von Amlapura

SEHENSWERTES

1 **Amlapura**
Die Hauptstadt der Provinz Karangasem wurde als sauberste Stadt Balis ausgezeichnet. Der Besuch lohnt wegen der schönen Lage, der alten Gärten und der beiden Königspaläste (▸ S. 79).

ESSEN UND TRINKEN

2 **Bali Asli**
Wenige Kilometer von Amlapura und in ursprünglicher Umgebung wird nach alter Tradition über offenem Feuer gekocht. Ein tolles Restaurant unter australischer Leitung, in dem auch Kochkurse im Angebot sind (▸ S. 79).
5 km nördl. von Amlapura

Tirta Ayu Restaurant

Das Restaurant oberhalb des Wasserpalasts wird für seine balinesischen Spezialitäten weithin gerühmt. Den grandiosen Blick bis runter zum Meer gibt es gratis dazu (▸ S. 82).

7 km nördl. von Amlapura

EINKAUFEN

Pasar Amlapura

Der Markt von Amlapura liegt versteckt hinter Arkaden und bietet Berge von Gewürzen, nie gesehene Früchte und alle Aromen des indonesischen Archipels (▸ S. 79).

Jl. Gajah Mada

AKTIVITÄTEN

Ausflug zur Traumbucht

Südlich von Amlapura liegt die südseehaft schöne Bucht Pantai Pasir Putih. Kleine Warungs säumen den weißen Strand. Man kann in der Brandung baden oder in der Nähe der Felsen schnorcheln (▸ S. 77).

5 km südl. von Amlapura

3

MERIAN Tipps

Mit MERIAN mehr erleben. Nehmen Sie teil am Leben der Insel und entdecken Sie Bali, wie es nur Einheimische kennen.

1 Babi Guling – gegrilltes Spanferkel

An Feiertagen wird vielerorts Babi Guling angeboten. Das kleine Spanferkel wird am offenen Feuer gegrillt. Es ist eine besondere Spezialität, die früher nur bei wichtigen Riten zubereitet wurde, bei denen das Schwein als Opfergabe diente. Heute gilt es als Festtagsessen der Balinesen. Chili,

Ingwer und Knoblauch geben die besondere Würze. Manche Restaurants bieten für einen Abend nur Babi Guling an; um Anmeldung wird gebeten.

2 Silberschmiedekunst D 4

Sie ist ein altes balinesisches Handwerk, das früher dem Pande-Clan vorbehalten war, den Kris-Schmieden. Sie allein sind

weiterhin für die Herstellung der Dolche zuständig, doch aufgrund des Tourismus hat die Juwelierskunst weitere Kreise gezogen: Im Dorf Celuk – zwischen Denpasar und Ubud – sitzen die Silberschmiede, die Schmuck mit traditionellen Mustern herstellen. Wegen der vielen Reisebusse ist der Schmuck hier jedoch teuer. In Kuta oder Ubud kann man manches günstiger kaufen.
Celuk

⭐ ❸ Sonnenuntergang am Strand von Kuta   📖 D 5

Der Strand, der sich in einer sanften Kurve vom Flughafen bis zum Tanah Lot zieht, bietet besonders spektakuläre Sonnenuntergänge. An klaren Tagen wird hier die Natur zur Bühne, die Sonne liefert ein einzigartiges Schauspiel und lockt Einheimische wie Touristen an den Strand. In Kuta, Legian und Seminyak öffnen eigens kleine Warungs, manche legen sogar Sitzkissen aus und bieten bequeme Logenplätze. Alle Augen sind auf die Horizontlinie gerichtet, wo in wenigen Minuten die Sonne im Meer versinken wird. Spaziergänger, fliegende Händler und die letzten Surfer des Tages wirken wie Akteure eines gigantischen Schattenspiels, wenn der Himmel beginnt, in allen Rottönen zu leuchten, und das Publikum applaudiert.

⭐ ❹ La Lucciola, Seminyak
▶ Klappe hinten, nördl. a 1

Der gegrillte Fisch mit frischem, knackigem Salat ist es nicht allein, der die Gäste immer wieder ins Restaurant La Lucciola lockt.

Es ist vor allem die exquisite Lage des zweistöckigen Pavillons direkt am Meer.
Besonders die beeindruckenden Strandzeremonien um den Feiertag Melasti (kurz vor dem balinesischen Neujahrsfest Nyepi) zwischen Mitte März und April lassen sich speziell von hier oben sehr

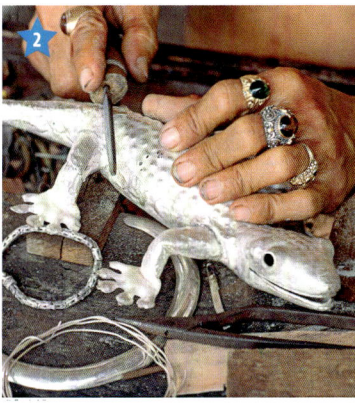

gut beobachten. Ein besonderer Service sind die Strandliegen vor dem Restaurant.
Seminyak, Jl. Kayu Aya • Tel. 03 61/ 73 08 38 • tgl. 9–24 Uhr • €€€

⭐ ❺ Kleider und Brillen nach Maß
▶ Klappe hinten, b 4

Viele Schneider haben ihre Werkstätten in Legian, genauer gesagt in der Jalan Melasti und ihren Seitenstraßen. Bringen Sie Ihr Lieblingsstück mit und lassen Sie es nachschneidern. Auch eine Fotovorlage reicht. Die Stoffauswahl ist riesig, die Preise sind äußerst günstig! Und noch ein Tipp: Auch Brillen und Kontaktlinsen in guter Qualität können Sie auf Bali zu Tiefstpreisen anfertigen lassen.

– Optik Seis, Discovery Shopping Mall, Erdgeschoss, Jl. Kartika Plaza, Kuta • Tel. 03 61/76 98 36 • www.optikseis.com

– Kuta Leather & Tailor • Jl. Bakung Sari 16, Kuta • Tel. 08 17/9 73 02 93 • www.1balitailor.com

⭐ 6 Le Mayeur Museum, Sanur 📖 D 5

Das Museum ist nach dem belgischen Maler Adrien Jean Le Mayeur de Merpes (1880–1958) benannt. Er kam 1932 nach Bali, verliebte sich in die Legong-Tänzerin Ni Pollok, heiratete sie und blieb bis zu seinem Lebensende auf der Insel. Das Paar baute das wohl erste Haus im Bali-Style. Es ist im Originalzustand erhalten und dient heute als Museum, in dem neben den impressionistischen Werken Le Mayeurs auch indonesische Kunstschätze und Antiquitäten ausgestellt sind.

Sanur, Jl. Hangtuah, am Strand nördlich vom Grand Bali Beach Hotel • Tel. 03 61/28 62 01 • So–Fr 7.30–15.30 Uhr • Eintritt 10 000 Rp.

⭐ 7 Reisterrassen von Ubud 📖 D 4

Ubud liegt bereits im Hochland, umgeben von der wunderbaren Kulturlandschaft der Reisfelder. Wer durch die Straßen der quirligen Kleinstadt geht, ahnt meist nicht, dass es nur ein paar Hundert Meter sind, bis man mitten im Grün der Felder die Zeit vergessen kann. Es lohnt sich, den Trubel der Stadt hinter sich zu lassen! Hier findet der Spaziergänger jene Farben und Atmosphären, die Walter Spies und seine Malerfreunde auf ihren Bildern eingefangen haben. Zunächst geht es die Jalan Kajeng hinauf. Vorbei an dörflichen Häusern und Lädchen, aber schnell wird aus der Straße ein unbefestigter Weg, der mitten in eine üppige Kulturlandschaft führt. Palmen spiegeln sich im Wasser der Reisfelder, bunte Fähnchen wehen im Wind, man sieht Reisbauern bei der Arbeit und Scharen von Enten. Hier und da bellt ein Hund, ansonsten herrscht Stille. Der Pfad führt weiter durch die Felder, wird über dem Fluss manchmal zum Balanceakt, und bald sehen Sie ein Hinweisschild zur Sari Organik Farm. Der offene Bau und die kleinen Bales laden ein zu einem gesunden Bio-Imbiss. Im Touristenbüro Ubud gibt es eine Karte, auf der der Spaziergang eingezeichnet ist.

⭐8 Putri Bali, Ubud   📖 D 4

Eine Wellness-Oase der Extraklasse – und das zu erschwinglichen Preisen. Die Chefin leitete früher den Spa-Bereich eines Luxushotels, hat sich selbstständig gemacht und hält die Standards hoch. Man kann hier ohne Weiteres einen ganzen Tag verbringen und sich so richtig verwöhnen lassen. Von Shiatsu über Ayurveda bis zur klassischen Bali-Massage ist alles dabei. Eine Besonderheit sind die Programme für Schwangere. 2017 wurde mit Putri Ubud Spa ein zweiter Salon in Ubud eröffnet.
– Ubud • Tel. 03 61/ 97 89 60 • www.putribalispa.com
– Ubud • Tel. 03 61/ 4 79 25 61 • www.putriubudspa.com

⭐9 Sua Bali – Bali verstehen   📖 E 4

Abseits der großen Ferienzentren bietet die balinesische Germanistin Ida Ayu Agung Mas eine alternative Ferienanlage: ein Bali-Aufenthalt ohne Zeitdruck und Hektik, eingebettet in den Alltag der örtlichen Bevölkerung. Man erlebt die Dorfgemeinschaft und kann sogar kochen lernen. Sua Bali ist nachhaltiger Tourismus – seit 1986, lange bevor der Begriff überhaupt existierte.
Desa Kemenuh, 7 km östl. von Ubud • Tel. 03 61/94 10 50 • €€

⭐10 Matahari Beach Resort   📖 B 2

Der Geheimtipp schlechthin für Taucher: Als einziges Hotel darf das Matahari das Tauchparadies Menjangan (die Insel gehört nämlich zum Nationalpark Bali Barat) direkt anfahren. Auf den Teller kommt exquisite Küche des Franzosen Jany-Michel Fourré. Verwendet wird nur Biogemüse von der eigenen Farm. Das exklusive Verwöhnhotel hat schon etliche Auszeichnungen bekommen für Maßnahmen zur Bewahrung der Umgebung. Spa und Pool.
Pemuteran, Jl. Raya Seririt • Tel. 03 62/ 9 23 12 • www.matahari-beach-resort.com • €€€

Frauen tragen Opfergaben bei der Melasti-Zeremonie, einer
Reinigungszeremonie kurz vor dem balinesischen Neujahrsfest,
am Strand von Kuta (▸ S. 39).

Zu Gast auf **Bali**

Damit der Urlaub rundum gelingt: Tipps und ausgewählte Empfehlungen fürs Übernachten und Essengehen, die besten Adressen fürs Einkaufen und die schönsten, farbenprächtigsten Feste.

Übernachten

Bali bietet eine Auswahl wie kaum ein zweites asiatisches Reiseziel. Die Hotels sind meist im landestypischen Stil eingerichtet und liegen inmitten tropischer Vegetation.

◄ Die Poppies Cottages (▶ S. 41) in Kuta: schöner Pool, gutes Restaurant und nur ein paar Minuten zum Meer.

In der Hochsaison (Juli/August/ Weihnachten) bekommt man ohne Vorbuchung schwer ein passendes Quartier. Deshalb sollte man lieber vorab reservieren!

Von schlichten Losmen bis zur Luxusvilla

Bali bietet für jede Preisklasse eine passende Unterkunft. Wer auf Klimaanlage und Pool verzichten kann, der findet in einfachen Pensionen, auch **Losmen** oder **Homestay** genannt, das richtige Quartier. Man bekommt ein einfaches Zimmer mit Frühstück. Viele dieser Unterkünfte haben Zimmer mit Bad und WC, manche sanitäre Gemeinschaftseinrichtungen. Das Frühstück wird morgens auf der Terrasse serviert. In den einfacheren Losmen hat man statt einer Dusche ein indonesisches Bad, d.h. ein Becken mit kaltem Wasser. Mit einer Schöpfkelle gießt man sich das Wasser über den Körper; das Becken selbst wird nicht zum Baden benutzt. Losmen sind in der Regel Familienbetriebe, in denen man sich heimisch fühlen und Einblick in den Alltag der Balinesen gewinnen kann (ab 5 US-$ pro Nacht).

Die größeren Hotels in Nusa Dua, Sanur und Kuta sind überwiegend mit Pauschalurlaubern belegt. Standard und Service sind gut, und preislich liegen sie etwas niedriger als vergleichbare europäische Hotels (90–180 US-$). Meist liegen diese Häuser in tropischen Gärten mit Pool. Jedes Zimmer hat einen Balkon oder sogar eine Terrasse. Will

man hier unterkommen, empfiehlt sich der Gang ins Reisebüro.

Einige Hotels stellen ihren Gästen zusätzlich zu ihrem Zimmerangebot auch Bungalows und Privatvillen zur Verfügung; sie eignen sich für mehrere Personen und auch größere Familien. Je nach Ausstattung zahlt man hier pro Nacht ab 200 US-$, aber auch 800–1600 US-$ in den Luxushotels, die zum Teil Privatvillen mit eigenem Pool und Butlerservice anbieten, sind möglich. Alle Hotels verfügen über Doppelzimmer, die auch als Einzelzimmer benutzt werden können. Die Preise sind meist in Dollar angegeben und beziehen sich auf eine Zweierbelegung im Doppelzimmer.

Pro Zimmer muss in der Regel ein Steuerzuschlag von 11 % und ein Bedienungszuschlag von 10 % gezahlt werden. Viele Hotels lassen sich über einen Internetanbieter vertreten und gewähren bei früher Internetbuchung Rabatte bis zu 50 %. Auf folgenden Websites finden Sie Angebote für Hotels:

www.balibagus.com
Gute Seite für Hotelbuchungen mit Rabatt.
www.indo.com
Sonderangebote in der Nebensaison.
www.balistylevillas.ch
Schweizer Anbieter von exklusiven Privatvillen.
www.bali-hotel.com
www.balihotelfinder.com

Empfehlenswerte Hotels und andere Unterkünfte finden Sie bei den Orten im Kapitel ▶ **Unterwegs auf Bali.**

Preise für ein Doppelzimmer mit Frühstück:

| €€€€ ab 150 US-$ | €€€ ab 80 US-$ |
| €€ ab 40 US-$ | € bis 40 US-$ |

Essen und Trinken

Reis und vielfältige Gewürze sind die wichtigsten Grund-
bestandteile der indonesischen Küche. Balinesen gelten
als Meister der Dekoration, das zeigt sich auch bei Tisch.

◂ Bali wartet mit so mancher Köstlichkeit auf, wie zum Beispiel der balinesischen Reistafel. Das Auge isst immer mit.

Die fremden Einflüsse, die im Laufe der Jahrhunderte auf die Insel kamen, wirkten sich auch auf die Speisenzubereitung aus. Die traditionelle indonesische Küche ist ohne das Grundnahrungsmittel **Reis** nicht denkbar. Er gilt als umso feiner, je weißer er ist – und als Symbol des Lebens. Dewi Sri, die Reisgöttin, ist die am meisten verehrte Gottheit der Insel.

Reich der Gewürze

Das Besondere an der indonesischen Küche aber sind ihre **Gewürze**. Ob Chili, Ingwer und Pfeffer oder Koriander, Kardamom, Nelken, Muskatnuss und Zimt: Es sind diese Aromen, die die Inselküche prägen. Es gibt viele scharfe Gerichte, aber auch die Kombination von scharf und süß. Zu jedem Gericht gehört eine spezielle scharfe Sauce, **Sambal** genannt. Sämig werden die Suppen und Saucen durch Kokosmilch. Typische Zutaten sind **Sojasprossen**, **Ingwer**, **Chili**, **Erdnüsse** und **Kokosnüsse**. Verlockend ist auch die Vielfalt der exotischen **Früchte**.

Essen gehen

Das Essen ist bei den Indonesiern auf mehrere kleine Tagesmahlzeiten verteilt. Es wird nicht so sehr als Gemeinschaftsereignis angesehen wie bei uns, sondern geschieht eher nebenbei, dient lediglich der Nahrungsaufnahme, und dabei ist man meist allein. Indonesier essen in der Regel mit Löffel und Gabel, manchmal auch mit der Hand – niemals aber mit der linken Hand, denn sie

gilt als unrein. Das Essen wird kalt oder lauwarm aufgetischt, und leider bekommt der Gast auch in den Restaurants selten heißes Essen serviert. Am Strand oder unterwegs bekommt man vom **Kaki Lima,** einem fliegenden Händler mit einer Karre, etwas zu essen angeboten – meist gegrillte Satés. Die nächste günstige Kategorie ist ein **Warung**, ein Essensstand, den es z. B. auf Nachtmärkten gibt. Im **Rumah Makan** bekommt man einfache Gerichte in geringer Auswahl. Die höchste Kategorie ist ein **Restoran**, hier finden sich auch europäische Gerichte.

 MERIAN Tipp

BABI GULING – GEGRILLTES SPANFERKEL

An Feiertagen wird vielerorts auf Bali Babi Guling angeboten. Das kleine, gut gewürzte Spanferkel wird über offenem Feuer gegrillt und ist eine besondere Spezialität. ▸ S. 14

In den vergangenen Jahren hat die Restaurantszene auf Bali richtig Fahrt aufgenommen. Im Süden wetteifern viele Spezialitätenrestaurants um die Gunst der Gäste. Dort kann man sich durch den ganzen Archipel oder rund um den Globus schlemmen. In Ubud dagegen feiert die vegetarische Küche Triumphe.

Empfehlenswerte Restaurants finden Sie bei den Orten im Kapitel ▸ **Unterwegs auf Bali.**

Preise für ein dreigängiges Menü:

€€€€ ab 25 US-$ €€€ ab 15 US-$
   €€ ab 10 US-$ € bis 10 US-$

Einkaufen

Die touristischen Zentren im Süden muten wie ein einziger riesiger Supermarkt an: Silberschmuck, Batikstoffe, Töpfereien – Balis Kunsthandwerker bieten eine große Vielfalt an.

◄ Kunsthandwerk hat eine lange Tradition auf Bali. Auf dem Markt von Ubud werden aus Blumen kunstvolle Gebinde.

Wer Ausdauer hat und das Gute vom Schlechten, das Echte vom Falschen zu unterscheiden versteht, der wird auf Bali fündig werden und gut gearbeitetes Kunsthandwerk erstehen können. Die Suche lohnt sich vor allem in den kleineren Orten fernab der Touristenzentren.

Handeln ist auf Bali Volkssport; die Händler berücksichtigen das in ihrem Preisangebot auch Touristen gegenüber. Beweisen Sie Takt, Fingerspitzengefühl, und bleiben Sie freundlich – dann werden Sie sich mit dem Verkäufer irgendwo in der Mitte einigen.

Balis Läden haben keine festen Öffnungszeiten. Jedes Geschäft öffnet nach Lust und Laune. Generell gilt: Das Hauptgeschäft läuft nach Sonnenuntergang, also von 18 bis etwa 21 Uhr. Dann haben mit Sicherheit alle Läden geöffnet. An Feiertagen sind sie geschlossen.

Von Designermode bis Antiquitäten

Die Badeorte im Süden der Insel sind ein Paradies zum Einkaufen von Billigkleidung. Manche Designer bieten ausgefallene Modelle in einer höheren Preiskategorie an.

Überall auf Bali kann man **Batik** und **handgewebte Stoffe** kaufen. Eine traditionelle Webart, auf die sich die Frauen des Bali-Aga-Stammes in dem Dorf Tenganan verstehen, ist der **Ikat**. Dabei handelt es sich um eine komplizierte Färb- und Webarbeit, bei der durch Abbinden und selektives Färben der Fäden ornamentale Motive gewebt werden.

Das Zentrum der **Holzschnitzer** auf Bali ist das Dorf Mas zwischen Ubud und Denpasar. Hoch qualifizierte Künstler stellen Tierfiguren, Bananenbäume, Masken und Früchte aus Holz her. Nicht weit davon liegt in Ubud das Zentrum der balinesischen **Malerei**, wo die meisten Künstler leben. **Skulpturen aus Stein** werden vor allem in Batubulan hergestellt.

Die besten **Antiquitätenläden** finden sich in Klungkung. Angeboten werden chinesisches Porzellan und mitunter auch alter Schmuck. Antiquitäten gibt es auch in Kuta, Denpasar und Sanur, allerdings zu weit höheren Preisen.

⭐ 2 MERIAN Tipp

SILBERSCHMIEDEKUNST   📖 D 4

Sie ist ein altes balinesisches Handwerk. In Celuk – zwischen Denpasar und Ubud – sitzen die Silberschmiede, die Schmuck mit traditionellen Mustern herstellen.   ▶ S. 14

Vor allem in Südbali entfalten Malls und Einkaufszentren enorme Anziehungskraft. Hier gibt es alles zu Festpreisen. Die neueste Mall heißt **Beach Walk** (▶ S. 46) und liegt direkt gegenüber dem Strand von Kuta. Im Angebot ist Mode von Armani bis Zara. Schön ist das Shopping-Dorf **Bali Collection** (▶ S. 60) in Nusa Dua, wo von Kunsthandwerk bis Mode alles zu haben ist.

Empfehlenswerte Geschäfte und Märkte finden Sie bei den Orten im Kapitel ▶ Unterwegs auf Bali.

Sport und Strände

Der schönste Golfplatz Südostasiens lädt auf Bali ein. Für die Touristen steht eine dichte Infrastruktur für sportliche Aktivitäten bereit, vor allem im und ums Wasser.

◄ Abenteuerlich geht es beim Rafting (► S. 27) auf dem Ayung River zu – ein feucht-fröhliches Vergnügen!

Viele Besucher denken vor allem an die klassischen Inselferien. Bali ist berühmt für seine Tauchregionen und die gigantischen Wellen an der Südküste. Die Insel bietet aber viel mehr als nur Sonne und Meer. Schnorcheln, Tauchen und Surfen sind zwar nach wie vor äußerst beliebt, aber andere Sportarten holen längst auf und locken viele Urlauber in die Bergregionen.
Einen wahren Boom erleben Fahrradtouren und Wanderungen. Abseits der Standardrouten kommt man so dem echten Bali und dem dörflichen Leben viel näher. Rafting-Touren auf den großen Flüssen bieten Abenteuer und neue Perspektiven gleichermaßen. Reiten, Tennis und Golf sind ebenfalls im Angebot. Bali ist zu Recht stolz auf die Qualität der Golfplätze. Die Lagen sind spektakulär mit herrlichen Blicken – oft auch in unmittelbarer Nähe der Tempel, was jedoch bei den Einheimischen sehr kritisch gesehen wird.

GOLF
Auf Bali gibt es drei sehr schöne 18-Loch-Golfplätze: Im Norden in der Nähe des Bratan-Sees den Bali Handara Kosaido Country Club mit Restaurant und Hotel, im Südwesten in der Nähe des Tanah Lot entwarf der Golfstar Norman Greg einen Platz, Nirwana Bali Golf Club, und im Süden auf der Halbinsel Bukit den Bali Golf and Country Club, der von einem US-Magazin als einer der fünf schönsten Golfplätze in Asien ausgezeichnet wurde.
www.99bali.com/golf

JETSKI
Zu mieten am Strand von Sanur sowie in Tanjung Benoa.

PARASAILING
Bei optimalen Bedingungen können Sie mit dem Gleitschirm am Strand von Sanur und Tanjung Benoa starten.

RADFAHREN
Die neue Leidenschaft der Balireisenden! Besonders in Ubud und in den ländlichen Gebieten rundum gibt es zahllose Möglichkeiten für ausgedehnte Touren. Man erfährt dabei Bali hautnah, kommt schnell in Kontakt mit den Einheimischen und kann ganz nebenbei auch noch die eine oder andere Sehenswürdigkeit besuchen. Viele Agenturen lassen sich immer wieder Neues einfallen und bieten abwechslungsreiche Programme.

Bali Bintang Tours D 4
Die Touren gehen immer talwärts von Ubud oder vom Lake Batur aus und dauern 3 oder 4 Stunden. Zwischendurch Stopps in den Reisfeldern, Kletterpartien runter ins Flussbett oder ein Besuch in einem Handwerksbetrieb.
Ubud • Jl. Raya Tampaksiring • Tel. 03 61/98 21 43 • www.balibintang tour.com • Halbtagstouren ab 25 US-$, Kinder 15 US-$

RAFTING
Mit Schlauchbooten fährt man in rasantem Tempo den Wildwasserfluss Ayung hinunter. Zusammen mit dem Transport vom Hotel zur Ablegestelle kostet die Tour pro Person ca. 65 US-$. Billiger ist es allerdings, die Sunset-Tarife zu nutzen.

MERIAN Tipp

SONNENUNTERGANG AM STRAND VON KUTA 📖 D 5

Zum Sonnenuntergang strömen Einheimische wie Gäste an den Strand. Alle richten den Blick auf die Horizontlinie und auf den Farbenrausch am Himmel. ▸ S. 15

Bali Adventure Tours 📖 D 5
Abholung ab Hotel.
Pesanggaran, Jl. By Pass Ngurah Rai • Tel. 03 61/72 14 80 • www.bali adventuretours.com

Bali Discovery Tours 📖 D 5
Verschiedene Touren im Angebot.
Sanur, Komplek Pertokoan, Sanur Raya 27, Jl. By Pass Ngurah Rai • Tel. 03 61/28 62 83 • www.bali discovery.com

REITEN
In Nusa Dua, Umalas und beim Nationalpark gibt es Pferdestallungen. Generell gilt jedoch: Reiten auf Bali ist überteuert und eher nicht empfehlenswert.

SCHNORCHELN
Besonders im Norden und Osten der Insel gibt es herrliche Korallenriffe. Schnorcheln kann man direkt vom Strand aus, das Meer ist ruhig und klar, die Unterwasserwelt von atemberaubender Schönheit. Ausrüstung vermieten Tauchschulen vor Ort.

SEGELN
In der Bucht von Jimbaran kann man segeln. Hobie Cats gibt es im Intercontinental Hotel und im Four Seasons Resort (▸ S. 60).

Bali Yacht Charter im Benoa-Hafen bietet Tages- oder Zweitagestrips auf modernen Segeljachten zur Nusa Lembongan an (65 bzw. 145 US-$ pro Person, Tel. 03 61/70 30 60, www. bali-yachtcharter.de).

SURFEN
Bali ist ein Surferparadies – vor allem am Strand von **Kuta** (nur April–Okt.). Aber auch an der Westküste der Halbinsel **Bukit**, etwa am Ulu-Watu-Strand, gibt es hervorragende Möglichkeiten, allerdings meist für erfahrene Surfer.

TAUCHEN
In **Sanur**, **Nusa Dua**, **Lovina** und **Candi Dasa** kann man sich in kleinen Auslegerbooten, den Jukungs, auf das Riff bringen lassen und dort am Riff bis zu 20 m tief tauchen.
Mit Booten kann man sich zur **Nusa Penida** und zur **Nusa Lembongan** übersetzen lassen. Auch dort hat man gute Tauchmöglichkeiten.
In **Tulamben** an der Nordostküste liegt vor einer Bucht ein gesunkenes amerikanisches Handelsschiff, das diese Bucht zu einer Tauchattraktion macht. Es ist völlig mit Korallen, Schwämmen und anderen Wasserpflanzen bewachsen (Tauch Terminal Bali, Tel. 03 61/77 45 04, www. tauch-terminal.com).
Schön, aber eher zum Schnorcheln ist Amed, südöstlich von Tulamben. Hier gibt es auch einige nette Unterkünfte (Amed Dive Center, Amed, Jl. Pantai Timur 801, Tel. 03 63/2 34 62, www.ameddivecenter.com).
Das schönste Tauchgebiet Balis liegt allerdings im Nordwesten vor der kleinen Insel **Pulau Menjangan** ⭐. Hier kann man bis zu 40 m tief tauchen. Die Insel liegt im West Bali

National Park, das **Matahari Beach Resort** (▸ MERIAN Tipp, S. 17) darf als einziges Hotel diese Insel direkt anlaufen.

In einigen Hotels gibt es Ausrüstungen zum Tauchen und Schnorcheln, manchmal auch Segelboote auszuleihen. **Baruna Water Sports**, (www. bagus-discovery.com/baruna) hat Filialen in einigen Hotels und bietet Paraflying, Schnorcheln, Segeln, Tauchen, Wasserski und Windsurfen an. Das **Oceana Dive Center** in Sanur (Tel. 03 61/28 86 52) hat Tauchausrüstung, Unterricht und Tauchtouren im Angebot. Mehrtägige Tauchausflüge für erfahrene Taucher offerieren: **Yos Watersports** (Nusa Dua, Jl. Pintas Tanjung Benoa 3, Tel. 03 61/77 37 74, www.yosdive bali.com) und **Diver's Point** (Sanur, Jl. Pasar, Tel. 03 61/28 81 94).

WASSERSKI

In **Sanur** und **Nusa Dua** kann man Wasserski laufen und sich, an einem Fallschirm schwebend, von einem Boot ziehen lassen.

STRÄNDE

Das Reizvollste an Bali sind außer den kulturellen Sehenswürdigkeiten die unterschiedlichen Strände und Buchten. Der am meisten besuchte Strand ist **Kuta Beach.** Er zieht sich vom Flughafen über Kuta, Legian, Seminyak nach Norden.

Amed   F 3

Die Felsbuchten und Strände erlauben es Schnorchlern, direkt vom Strand aus zu starten. Die meisten vergessen angesichts der schönen Unterwassergärten schnell die Zeit und oft auch die brennende Sonne im Nacken.

Bukit Badung   D 5/6

Uluwatu und weitere weiße Strände liegen zwischen dramatischen Felsen im Westen der Halbinsel Bukit, die ähnliche Bade- und Surfmöglichkeiten bietet wie der Strand von Kuta (vor allem bei Jimbaran). In Nusa Dua ist das Badevergnügen bei Ebbe durch Korallen getrübt.

Bali bietet hervorragende Tauchreviere, allen voran vor der Insel Menjangan (▸ MERIAN TopTen, S. 99).

Candi Dasa   F 4

Der problematischste Strand auf Bali, denn bei Flut knallen die Wellen an die Küste. Bei Ebbe stören Korallen das Vergnügen. Vor Candi Dasa gibt es aber einige Hotels mit eigenen kleinen Badebuchten.

Canggu   D 5

Immer beliebter werden die Strände nördlich von Seminyak. Rund um Canggu gibt es lang gestreckte Felsbuchten, die vor allem für fortgeschrittene Surfer attraktiv sind. Das Hinterland zieht eine junge, alternative Szene an.

Kuta/Legian/Seminyak   D 5
Dieser Strand ist sehr beliebt und vor allem am Wochenende immer voll. Plötzliche Strömungen können selbst guten Schwimmern Schwierigkeiten bereiten.

Lovina   C 2
An den Nordstränden um Lovina hat Lava den Strand geschwärzt. Wer sich davon nicht stören lässt, kann hier im warmen, seichten Wasser wie in einer Badewanne planschen, denn die Strömung wird durch ein vorgelagertes Korallenriff gestoppt.

Pemuteran   B 2
Die lange Sandbucht von Pemuteran teilen sich ein paar Hotels, ein Fischerdorf und mehrere Tauchschulen. Hier startete vor Jahren das weltweit größte Projekt zum Wiederaufbau der durch Raubbau zerstörten Korallenriffe. Von den fantastischen Ergebnissen kann man sich beim Schnorcheln selbst überzeugen.

Sanur   D 5
Weißer Sandstrand bietet bei Flut ein ungefährliches Badevergnügen, bei Ebbe kann man wegen der Korallen nur mit Badeschuhen ins Wasser. In der Lagune, die durch ein Riff von der hohen Dünung der Lombok-Straße getrennt wird, lässt es sich prima segeln und windsurfen.

Suluban   D 6
Auf der Halbinsel Bukit liegt neben dem Tempel Uluwatu der beste Surferstrand. Die riesigen Wellen sind nur was für Könner.

Am Strand von Kuta wird allabendlich der Sonnenuntergang zelebriert (▸ MERIAN Tipp, S. 15). Schöne Sonnenuntergänge kann man aber auch anderswo erleben.

Erlesene Ziele

Auf den Spuren berühmter Persönlichkeiten

Familientipps

Die Kinderfreundlichkeit der Balinesen macht die Insel zum Paradies für die Kleinen. Neben Sandstränden zählen Tierparkbesuche zu den Attraktionen.

◄ Zweimal täglich findet im Bali Bird Park (► S. 33) zwischen Ubud und Denpasar Pelikanfütterung statt.

Bali Bird Park/Rimba Reptil Park ▮▮ D 4

Neben Komodowaranen, Kobras, Pythons, Vipern, Mambas und Leguanen fühlen sich in den beiden tropischen Dschungelparks mit Tempelruinen, Wasserfällen, Teichen und Schlingpflanzen auch die ausgefallensten Vogelarten wohl.
Singapadu, Jl. Serma Cok Ngurah Gambir • www.bali-bird-park.com • Tel. 03 61/29 93 52 • tgl. 9–17.30 Uhr • Erwachsene 430 000 Rp., Kinder 215 000 Rp.

Bali Center for Artistic Creativity ► S. 67, östl. c 4

Auch Kinder und Jugendliche sind überwältigt von der Farben- und Formenpracht Balis. In diesem Kunstzentrum können sie mit Pinsel, Farbe und verschiedenen Materialien loslegen und ihrer Fantasie freien Lauf lassen. Unter fachkundiger, aber immer lockerer Anleitung kommt der Spaß garantiert nicht zu kurz.
Ubud , Jl. Raya Andong • Tel. 03 61/ 97 86 17 • www.baliartclasses.com • Kosten für 2,5 Std. 400 000 Rp., 3-mal 2,5 Std. 1 Mio. Rp.

Bali Mini ► S. 67, b 6

Im Dorf Nyuh Kuning bei Ubud werden detailgetreu und auch für Kinder verständlich die täglichen Zeremonien, das Opfern, die Gamelanmusik und die Tänze der Balinesen vorgeführt.
Ds. Mas Ubud, Jl. Nyuh Kuning • Tel. 03 61/97 81 44 • www.baliculture center.com

Bali Safari & Marine Park ▮▮ E 4

Viel mehr als ein Safaripark! Ein riesiges Abenteuer. Man sollte möglichst einen ganzen Tag einplanen, um viele der zahlreichen Shows zu erleben. Aus dem Safaribus heraus lassen sich die wilden Tiere in Ruhe beobachten. Wer will, kann auch auf Elefanten reiten oder sich mit Orang-Utans in Pose setzen. Besonders attraktiv sind die Nachtprogramme. Dann werden die Besucher in große Käfige verfrachtet und direkt der wilden Tierwelt ausgesetzt.
Gianyar, Jl. Prof. Dr. Ida Bagus Mantra, km 19,8 • Tel. 03 61/75 13 00 • www.balisafarimarinepark.com • Mo–Fr 9–17, So und Feiertage 8.30– 17 Uhr • Eintritt ab 39 US-$, Kinder 30 US-$, je nach Umfang der Buchungen bis zu 145 US-$

Findet Nemo

Auch für Nichtschwimmer gibt es Gelegenheit, Balis Unterwasserwelt zu erkunden. Von Candi Dasa und Benoa aus starten Glasbodenboote zu den Korallenriffen vor der Küste. Bei Sonnenschein schillern Korallen und Fische in allen Farben. Empfehlenswerte Touren organisieren z. B. **Fishing Bali** in Padangbai (▮▮ F 4, www.fishing-bali.de) oder **Bali Hai Cruises** am Hafen Benoa (▮▮ D 5, www.balihaicruises.com). Die Kosten liegen bei 90 US-$ für Erwachsene, Kinder zahlen die Hälfte.
Wer von Benoa aus startet, erlebt zusätzlich einen Zwischenstopp am Vergnügungsponton vor Nusa Lembongan. Für Kinder ab 8 Jahren bieten viele Tauschschulen der Insel »Blubberkurse« an. Erst wird im Pool der Umgang mit Maske und Schnorchel geübt, dann geht es raus ins Meer.

Gitgit Waterfall   D 2

Der Wasserfall liegt an der Straße von Lovina über Singaraja zum Bratan-See. Ein etwa halbstündiger Spaziergang führt vom Parkplatz über einen zementierten Pfad an Nelkenbäumen und Kaffeestauden vorbei. Vor dem Wasserfall können Kinder auf den Steinen herumklettern. Eine kleine Hängebrücke über den Fluss macht das Abenteuer komplett. Parkplatz bei Gitgit

Green School   D 4

Diese Schule in der Nähe von Ubud ist selbst in den Ferien der Hit. Sie ist aus nichts als Bambus gebaut und ein begehbarer Traum. Spiralförmige Bauten ragen in den Himmel, Bambusstege und Brücken verbinden die Schulgebäude, alles ist luftig, und überall sind Tiere zu sehen, versorgt von fröhlichen Kindern. Mo bis Fr finden ab 14.15 Uhr Führungen über das Gelände statt. Dann erklären die Schüler, an welchen Umweltprojekten sie arbeiten und warum das schnell wachsende Süßgras ein solch idealer Baustoff ist. Gäste können sich auch für Workshops anmelden und das Modell ihres eigenen Bambustraums bauen. Die weltweit renommierte Schule nimmt übrigens auch Gastschüler auf.

Badung, Jl. Raya Sibang Kaja • Tel. 03 61/46 98 74 • www.greenvillage bali.com • Touren durch die Bambuswelt 10–15 US-$, 3-Tage-Workshops ab 110 US-$

Heiße Quellen von Air Panas   C 2

Diese fast 40 °C warmen Schwefelquellen in einem Wald bei einem Tempel sind auch für Kinder zum Baden geeignet. Am Wochenende gut besucht.

Von Lovina nach Westen, dann den Abzweig nach Banjar nehmen

Aus »Nagas«, mythologischen Schlangen, die auf Bali oft drachenartige Köpfe haben, strömt das Wasser in Air Panas (▶ S. 34) – zur Freude der Kinder.

Kebun Binatang Bali (Bali Zoo) 🔖 E 4

In einem tropischen Regenwald-park liegt der Zoo mit rund 50 Tieren, darunter seltene Tiere wie Sumatratiger, Kobras, Komodowarane und Orang-Utans. Diverse Safaris auf Elefanten und Nachtbesuche im Angebot.

Sukawati, Jl. Raya Singapadu • Tel. 03 61/29 43 57 • www.bali-zoo.com • tgl. 9–18 Uhr • Eintritt 640 000 Rp., Kinder 500 000 Rp.

Petulu 🔖 D 4

Das Dorf nördlich von Ubud ist auf schönen Nebenstrecken gut mit dem Fahrrad zu erreichen. Jeden Abend bei Sonnenuntergang wiederholt sich hier seit 1965 ein wundersames Schauspiel. Zigtausende weiße Reiher kreisen dann plötzlich über dem Dorf und lassen sich nach und nach auf Bäumen und Feldern nieder. Alles sieht aus, wie von Riesenblüten übersät. Um das Erscheinen der Reiher ranken sich verschiedene Legenden.

5 km nördl. von Ubud

Setia Darma House of Masks and Puppets ▶ S. 67, südöstl. c 6

Im 2014 eingerichteten Museum sind Tausende von Masken und Wayang-Puppen aus ganz Asien versammelt. Die Ausstellungsräume wurden in alten Joglos, den typisch javanischen Häusern, untergebracht und laden zum Staunen, manchmal auch zum Gruseln ein. Für genügend Bewegungsraum sorgt das wunderschöne Gelände, auf dem es auch einiges zu entdecken gibt. Regelmäßig finden auf der Bühne des Setia Darma House of Masks and Puppets Aufführungen statt.

Ubud, Jl. Tegal Bingin • Tel. 03 61/8 98 74 93 • tgl. 8–16 Uhr • Eintritt frei

Taman Kupu Kupu (Bali Butterfly Park) 🔖 D 4

Der Schmetterlingspark in der Nähe von Tabanan, der größte seiner Art in ganz Südostasien, ist für Kinder ein Paradies: 1000 bunte Schmetterlingsarten tummeln sich hier und können in ihrer Pracht von der ganzen Familie bestaunt werden.

Tabanan, Wanasari, Jl. Batukaru, • tgl. 8–17 Uhr • Eintritt 85 000 Rp., Kinder 40 000 Rp.

Tree Top Adventure Park 🔖 D 3

Nicht weit vom **Botanischen Garten Kebun Raya** ⭐ wartet im Tree-Top-Hochseilgarten Spaß für die ganze Familie. Für jedes Level und alle Altersstufen ab 4 Jahren bietet der Park den passenden Parcours: Schwingende Brücken, Tarzansprünge oder weite Schwünge an Lianen – es ist für jeden was dabei.

Candikuning • Tel. 03 61/93 40 09 • www.balitreetop.com • tgl. 9– 18 Uhr • Eintritt ab 22 US-$, Kinder ab 14 US-$, Familienkarte ab 57 US-$

Waterbom Park ▶ Klappe hinten, b 6

Eine riesige Wasserrutsche, eine großzügig angelegte Poollandschaft und ein künstlicher Fluss, auf dem man sich in Schlauchbooten treiben lassen kann, machen den Waterbom Park in Tuban-Kuta zu einem besonderen Vergnügen.

Kuta, Jl. Kartika Plaza, • www.water bom-bali.com • tgl. 9–18 Uhr • Eintritt 520 000 Rp., Kinder 370 000 Rp.

🧒 Weitere Familientipps sind durch dieses Symbol gekennzeichnet.

Hinter einem Reisfeld bei Klungkung erhebt sich majestätisch
der Gunung Agung (▶ S. 79), der »hohe Berg«, ein aktiver Schicht-
vulkan mit großem Krater.

Unterwegs auf **Bali**

Meterhohe Wellen, tolle Strände und ein rauschendes Nachtleben im Süden, Entspannung und ruhige Buchten im Norden – hier findet jeder sein persönliches Urlaubsglück.

Der Süden

Der Süden lockt mit kilometerlangen Traumstränden und einer quirligen Inselhauptstadt. In Kuta, Sanur und auf der Halbinsel Bukit Badung konzentriert sich der Tourismus.

◄ Surfer am Strand von Uluwatu (▶ S. 62).
Die felsenumrahmten Buchten sind ein
tolles Surfrevier.

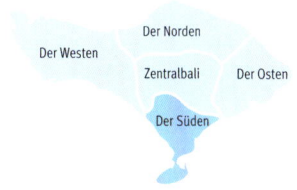

Der Norden

Der Westen

Zentralbali   Der Osten

Der Süden

Kuta, Legian, Seminyak

📖 D 5

Stadtplan ▶ Klappe hinten

Was aus einem Geheimtipp werden
kann, wenn er sich weltweit herum-
spricht – das bekommt man in Kuta
und Legian anschaulich vorgeführt.
Aus den romantischen Fischerdör-
fern von einst sind inzwischen zwei
der turbulentesten Ferienzentren
Südostasiens geworden.

Hier wird die Nacht zum Tag. Und
für viele Nachtschwärmer ist der
Tag erst mit dem Frühstück am
nächsten Morgen zu Ende. Die
»In«-Kneipen haben keine Sperr-
stunde, und so manche Party wird
ohnehin am Strand fortgesetzt. Die
einen schreckt es ab, die anderen
lieben es: Kutas Lebendigkeit zieht
besonders junge Leute an. In den
vielen Bars und Diskotheken ergeben sich Kontakte wie von selbst.
Auf den Speisekarten der zahlreichen Restaurants finden sich mehr
internationale als einheimische Gerichte. Ob italienisch, japanisch oder
Vollwertkost – hier gibt es alles.
Liebhaber der indonesischen Küche
dagegen kommen eher auf dem berühmten **Pasar Malam**, dem Nachtmarkt, auf ihre Kosten.

Nirgendwo ist das Angebot an pfif-
figen Textilien, modischen Lederwa-
ren, hübschem Silberschmuck und
Bali-Mitbringseln so reichhaltig wie
hier. Es gibt aber auch ein Überan-
gebot an billigen »Bali-Klamotten« –
bunte T-Shirts, bunte Kleider, bunte
Hosen in allen Variationen; an die
Qualität darf man allerdings keine
allzu hohen Ansprüche stellen. Je

weiter man Kuta in Richtung Seminyak hinter sich lässt, desto interessanter werden die Angebote. Kleine
Designerläden bieten hier auch mal
schicke, ausgefallene Kleidung an.
Auch wenn Sie Dinge wie DVDs
oder Surfzubehör suchen, sind Sie
hier richtig. In den Antiquitätenläden allerdings ist Vorsicht geboten,
es sei denn, Sie haben einen untrüg-
lichen Blick fürs Echte.

📷 FotoTipp

SCHATTENTHEATER

Nachmittags, wenn die Schatten länger werden und das Licht sanft, ge-
lingen die schönsten Aufnahmen.
Strandläufer, fliegende Händler und
die letzten Surfer wirken im Gegen-
licht wie Akteure eines gigantischen
Scherenschnitts.   ▶ S. 41

Wen die nimmermüden Scharen der
fliegenden Händler (»Want a massage? T-Shirt – cheap price!«) beim
Sonnenbad nicht stören, wen die
truppenweise anrückenden indonesischen Schaulustigen nicht peinlich
berühren, die sich an barbusigen
Ausländerinnen ergötzen (Nacktbaden ist in Indonesien offiziell verboten), der wird sich an Kutas schönem
Strand wohlfühlen. Er erstreckt sich
in einer langen Kurve vom Flughafen nach Norden und ist berühmt für

seine spektakulären **Sonnenuntergänge**. Surfer schätzen Kutas Brandung. Nicht umsonst findet gerade
hier ein jährlicher **Surf-Wettbewerb**
mit internationaler Beteiligung statt.
Kuta ist indessen nur der lebhaftes-
te Fleck im Süden dieses kilometerlangen Strandes, der umso liebens-
werter und erholsamer wird, je weiter man nach Norden kommt. Wer
ohne Kuta-Rummel wellenbaden
oder surfen will, dem sei der Strand
nördlich von Seminyak empfohlen.

Am Strand von Seminyak (▶ S. 39)
kann man herrlich relaxen.

Rund um Canggu und weiter nördlich entsteht allmählich ein ganz
neues Urlaubsgebiet. Die sanfte Hü-
gellandschaft mit Reisfeldern und
kleinen Straßen erstreckt sich bis ans
Meer. Sandige Buchten und Felsfor-
mationen prägen diesen Küstenab-
schnitt. Die beachtlichen Wellen

ziehen immer mehr junge Surfer an,
die sportlichen Herausforderungen
sind hier größer als in Kuta, und
auch beim Baden ist mehr Vorsicht
geboten. Vor allem die Strände von
Berawa, **Batu Bolong** und **Pere-
renan** erfreuen sich zunehmender
Beliebtheit.

Es gibt kaum große Hotels, Favoriten
sind kleine Resorts, die mitten in den
Reisfeldern liegen, oder auch Villen.
Letztere sind besonders für Famili-
enferien geeignet und gar nicht so
teuer, wie die Bezeichnung vermuten
lässt. Sehr hilfreich bei der Suche
nach solchen Unterkünften ist der
Bali Street Atlas von Periplus. Er
enthält ausgezeichnete Detailkarten,
auf denen viele der Anlagen ver-
zeichnet sind. Die meisten haben
Websites unter dem angegebenen
Namen für weitere Recherche. Etliche Angebote finden Sie auch unter
www.airbnb.com. Das gilt übrigens
mittlerweile für ganz Bali!

Zurückhaltung ist gefragt

Es klingt erstaunlich, aber auch das
chaotisch anmutende Kuta ist hinter
seiner grellen Fassade intakter, als es
auf den ersten Blick scheinen mag.
Die kleinen Opfergaben vor den Läden, die Zeremonien, die mitten im
Getümmel der Fremden unbeirrt
abgehalten werden – das alles be-
weist, dass auch hier noch alte Traditionen lebendig sind.

In dem von Touristen überfluteten
Kuta begegnet man den Einheimischen noch am ehesten auf Tempelfesten und Zeremonien. Hier ist der
Fremde willkommen, der Interesse
an balinesischen Gebräuchen zeigt
und sich auf Zurückhaltung versteht.
Um mit Balinesen ganz unverfäng-
lich ins Gespräch zu kommen, sollte

man am besten sonntags an den Strand gehen. Spätnachmittags und abends bis zur Zeit des **Sonnenuntergangs** finden sich hier Einheimische zum Fußballspielen, Flanieren oder Baden ein.

Auf Kontakte ganz anderer Art hoffen die Schwärme junger Männer in Kutas Kneipen und Diskotheken – eine Spezies, die es mit den Papagalli in Italien aufnehmen kann: »Kuta-Cowboys« werden sie hier genannt.

SPAZIERGANG   D 5
Der schönste Spaziergang in Kuta ist eine Strandwanderung zum **Tanah Lot** (▸ S. 49).

ÜBERNACHTEN
KUTA
Hard Rock Hotel Bali   ▸ Klappe hinten, b 4
Für **Junggebliebene** • Erster Ableger des Originals in Las Vegas. Seit der Renovierung verfügen alle Zimmer über Fernseher mit Internetzugang, iPod-Docking-Station und CD-Spieler. Im Hotel gibt es auch Karaokeräume und ein Studio, in denen man seine eigene CD aufnehmen kann.
Jl. Pantai Kuta • Tel. 03 61/76 18 69 • http://bali.hardrockhotels.net • 418 Zimmer • €€€

Holiday Inn Resort Baruna Bali 🍴   ▸ Klappe hinten, b 6
Markante Lage • Im Ortsteil Tuban nahe beim Flughafen liegt diese renovierte Hotelanlage. Das Design ist pfiffig, der Strand schön weiß und der Trubel groß, denn der Waterbom Park (▸ S. 35 🍴) und das Zentrum sind nah.
Jl. Wana Segara 33 • Tel. 03 61/ 75 55 77 • www.holidayinnresorts. com • 195 Zimmer • €€€

Poppies Cottages   ▸ Klappe hinten, c 5
Tropische Idylle • 20 gut ausgestattete Bungalows mitten in Kuta in einem Garten mit Pool. Nur etwa 8 Min. Fußweg zum Strand.
Poppies Lane 1 • Tel. 03 61/75 10 59 • www.poppiesbali.com • 24 Bungalows • €€

LEGIAN
Legian Beach Hotel 🍴   ▸ Klappe hinten, b 3
Haus mit Tradition • Beste Strandlage, ein 4 ha großer Garten – das ist absolut selten in der Gegend. Bungalows, der moderate Hotelkomplex mit den günstigeren Zimmern und die Pools fügen sich zu einem schönen Gesamtbild. Das Haus wurde mit dem Siegel von Tri Hata Karana zertifiziert – einer neu eingeführten Kategorie, die nur Hotels erhalten, in denen auf die Balance zwischen Mensch, Natur und Gemeinschaft geachtet wird.
Jl. Melasti • Tel. 03 61/75 17 11 • www. legianbeachbali.com • 118 Bungalows, 100 Zimmer • €€€

Bali Hotel Pearl   ▸ Klappe hinten, b 2
Charmant und stylish • Ein kleines Hotel mit schönem Garten und Pool. Dazu gehört ein französisches Restaurant mit entsprechenden Weinen. Das Hotel ist 10 Min. von den beliebtesten Strandabschnitten entfernt. Kinder erst ab 15 Jahren.
Jl. Double Six • Tel. 03 61/73 27 43 • www.balihotel-pearl.com • 14 Zimmer • €€

Swiss-Belinn Legian   ▸ Klappe hinten, b 3
Mittendrin • Ein Hotel im Atrium-Stil und deshalb nicht immer ganz leise. Es überzeugt aber durch das

kosmopolitische Ambiente und eine Rooftop-Bar mit Blick aufs Meer. Zum Strand sind es 5 Min.
Jl. Padma Utara • Tel. 03 61/76 03 00 • www.swiss-belhotel.com • 123 Zimmer • €–€€

Three Brothers Bungalows ▶ Klappe hinten, b 2

Zentral • Schöne Garten-Bungalowanlage mitten in Legian. Fußweg zum Strand 10 Min. Die Bungalows sind einfach, aber offen, luftig, und einige haben eine Kochgelegenheit.
Jl. Legian Tengah (nahe Jl. Padma) • Tel. 03 61/75 15 66 • www.three brothersbungalows.com • 60 Bungalows • €

SEMINYAK

The Oberoi ▶ Klappe hinten, nördl. a 1

Legendär • Zahlreiche Prominente, darunter Mick Jagger und David Bowie, waren in diesem Hotel mit dem besonderen Charme schon zu Gast. Die Bungalows im balinesischen Stil liegen im großzügig angelegten Garten. Morgens frühstückt man im Open-Air-Restaurant mit Meerblick. Großer Pool und komfortabler Health Club.
Seminyak Beach, Jl. Kayu Aya • Tel. 03 61/73 03 61 • www.oberoihotels. com • 60 Zimmer, 15 Villen • €€€€

Bali Ginger Suites ▶ Klappe hinten, b 1

Ausgefallen • Die australischen Besitzer kommen vom Theater. Das merkt man: Im Bali Ginger ist alles schön in Szene gesetzt. Suiten z. T. mit privatem Pool. Zentrale Lage zwischen Strand und Szeneviertel, Bars und Shops.
Jl. Drupadi II • Tel. 03 61/4 74 06 43 • www. baligingersuites.com • 12 Suiten • €€

The Green Room ▶ Klappe hinten, b 1

Der coolste Platz für junge Leute • Surfer-Camp mit dem entspannten Charme einer Wohngemeinschaft. Traditionelle Bungalows, Pool, offenes Restaurant – es ist immer was los. Hotel und Surfschule engagieren sich für Umwelt und soziale Projekte und sind Teil einer inselweiten Bewegung, in der Surfer sich für nachhaltigen Tourismus einsetzen.
Jl. Camplung Tanduk, Gang Puri Kubu II63B • Tel. 03 61/73 88 94 • www.the greenroombali.com • 23 Zimmer, 4 Bungalows • €€

Puri Cendana Resort ▶ Klappe hinten, a 1

Solide • In schönem Garten mit Pool und angenehmem Restaurant. Hier kann man günstig wohnen, hat allerdings keine direkte Strandlage.
Jl. Camplung Tanduk • Tel. 03 61/ 73 08 69 • www.puricendanaresort bali.com • 24 Zimmer • €€

Sarinande Beach Inn ▶ Klappe hinten, a 1

Gut und günstig • Einfache Zimmer, kleiner Pool, Restaurant – und zum Strand sind es nur 3 Min.
Jl. Sarinande 15 • Tel. 03 61/73 03 83 • www.sarinandehotel.com • 25 Zimmer • €

CANGGU

Tugu Hotel ▶ Klappe hinten, nördl. a 1

Kunstsinnig • Eine Art lebendiges Museum: Eingebettet in einen tropischen Garten, finden sich traditionell eingerichtete, gemütliche Zimmer und Suiten voller Kunstgegenstände. Eine Suite ist ganz dem Maler Walter Spies (1895–1942) gewidmet. Dazu drei Restaurants und ein eigener kleiner Strandabschnitt.

Kuta (▸ S. 39) zieht vor allem junge Leute an. Sie kommen wegen des Nachtlebens und weil man hier jede Menge Einkaufsmöglichkeiten findet.

Jl. Pantai Batu Bolong • Tel. 0361/
4731701 • www.tuguhotels.com •
21 Zimmer • €€€€

**Desa Seni
Resort** 🍴👪   ▸ Klappe hinten, nördl. a 1
Familienfreundlich • Die amerikanischen Besitzer haben aus traditionellen Holzhäusern ein zauberhaftes
kleines Resort-Dorf zusammenge-
bastelt. Dazu gehören auch eine offene Yogahalle, ein gemütliches Bio-
restaurant, ein kleines Spa und ein
Salzwasserpool.

Jl. Subak Sari 13 • Tel. 0361/844
6392 • www.desaseni.com •
10 Bungalows • €€€

ESSEN UND TRINKEN
KUTA
Poppies   ▸ Klappe hinten, c 5
Seit Jahren beliebt • Gilt als bestes
Restaurant in diesem Teil Kutas. Mit
wunderschönem Garten. Indonesische und europäische Küche.
Poppies Lane I • Tel. 0361/751059 •
www.poppiesbali.com • tgl. 8–
23 Uhr • €€€

Pasar Malam ▸ Klappe hinten, c 5

Lebendig • Wer essen will, wo Balinesen speisen, geht auf den Nachtmarkt. Das Essen ist gut und preiswerter als in den Restaurants, die Atmosphäre ist toll, und viel zu sehen gibt es obendrein. Am anderen Ende des Strandes, hinter dem General Post Office.

Jl. Blamangan Kuta • tgl. ab 18 Uhr • €

LEGIAN

Bella Vista Coffee Shop &
Juice Bar ▸ Klappe hinten, b 3

International • Von außen sieht es aus wie ein Café, aber auf der Karte warten neben Kuchen tolle Überraschungen: Suppen und Samosas, Salate und Pasta, Fisch- und Fleischgerichte. Alles lecker und ausgesprochen günstig, alles in schöner Atmosphäre.

Jl. Padma Utara 2B • Tel. 03 61/
76 80 53 • www.bellavistabali.com •
tgl. 9–23 Uhr • €€

Lemon Grass ▸ Klappe hinten, b 1

Bestes Thai-Lokal • Leckere, wundervoll angerichtete Speisen zu sehr günstigen Preisen.

Jl. Melasti • Tel. 0 81/3 33 33 92 43 •
www.lemongrassbali.com • €€

Paideia Coffee
Shop ▸ Klappe hinten, b 2

Newcomer • Weithin gerühmt für den besonders guten Kaffee und die ausgefallenen Saftkreationen. Wie in jedem anständigen Coffeeshop auf Bali gibt es auch hier eine Karte mit kleinen Gerichten. Alles bio – und genau das Richtige um die Mittagszeit.

Jl. Padma Utara • Gang Abdi 5 (gegenüber Hotel Melasti) • Tel. 08 12/3 99
91 49 • tgl. 10–22 Uhr • €–€€

Warung Yogya ▸ Klappe hinten, b 2

Einfach • Ein Lokal, das die traditionelle indonesische Küche serviert, hauptsächlich aus der Gegend um Yogyakarta.

Jl. Padma Utara 79 • Tel. 03 61/
75 08 35 • €

SEMINYAK

Die **Jalan Laksmana** (Oberoi Street) hat sich zur Restaurantstraße Seminyaks entwickelt. Hier finden sich neben vielen anderen das japanische Edel-Restaurant **Kunis** (Tel. 03 61/ 73 05 01), der beste Italiener Seminyaks, das **Sasa** (Tel. 03 61/73 26 07), und das stimmig neokoloniale **Café Bali** (Tel. 03 61/73 64 84), das den besten gebackenen Schokopudding weit und breit serviert.

In unmittelbarer Nähe zum **Gado-Gado**, das in den 1980ern und 1990ern als Seminyaks heißester Spot für Strandpartys galt und dann in die Edelkategorie aufstieg, entstand in den vergangenen Jahren eine neue Szene. Direkt am Strand etablierten sich semipermanente Bars und Warungs. Nachmittags werden Sitzkissen an den Strand geschleppt, der sich in Windeseile in eine Freiluftlounge verwandelt.

Gado-Gado ▸ Klappe hinten, a 1

Trendy • Sehr schöne Strandlocation mit Fine-Dining-Küche und bestem Blick auf das Strandleben.

Jl. Camplung Tanduk 99 • Tel. 03 61/
73 69 66 • www.gadogadorestaurant.
com • €€€

Grocer & Grind ▸ Klappe hinten, nördl. a 1

Weltstädtisch • Eines der wenigen Restaurants, das eine umfassende Karte an köstlichen Salaten anbietet. Weltstädtisches Design.

Jl. Kayu Jati 3 • Tel. 03 61/73 73 21 • www.grocerandgrind.com • €€€

Oberoi
Restaurants ▶ Klappe hinten, nördl. a 1
Berauschend • Das Luxushotel Oberoi (▶ S. 42) hat gleich zwei Restaurants: das Frangipani Café mit Strandblick für den Tag bzw. den Sonnenuntergang und das Kura Kura für den Abend: Hier hat man die Auswahl zwischen der asiatischen und der europäischen Karte.
Jl. Kayu Aya • Tel. 03 61/73 03 61 • www.oberoihotels.com • €€€

Biku
▶ Klappe hinten, nördl. a 1
Nicht nur Tee • So eine Teeauswahl findet man sonst nirgends auf Bali. Stimmungsvolles Restaurant mit sehr guter Küche in einem alten javanischen Holzhaus.
Jl. Petitenget 888 • Tel. 08 51/0 00 5 57 08 88 • tgl. 8–23 Uhr • www.bikubali.com • €€

Made's Warung
Seminyak ▶ Klappe hinten, b 1
Gepflegt • Im alten Kolonialstil eingerichtet. Große Auswahl an vegetarischen Gerichten.
Jl. Raya Seminyak • Tel. 03 61/73 21 30 • www.madeswarung.com • €€

Café Moka
▶ Klappe hinten, b 2
Leckerer Bäcker • Feinstes Gebäck der Insel. Knackige Baguettes oder italienische Pasta – alles wird hier frisch und lecker zubereitet.
Jl. Raya Basang Kasa • Tel. 03 61/ 73 14 24 • tgl. 7–21.30 Uhr • €

KEROBOKAN/CANGGU
Bali Buda ▶ Klappe hinten, nördl. a 1
Healthy und gut • Hier wird gesundes Essen so zubereitet, dass es auch wirklich schmeckt. Im Shop nebenan bekommt man wunderbares Gebäck, Kuchen und – auf Bali selten – Vollkornbrot. Filialen in Ubud und Bukit.
Kerobokan, Jl. Banjar Anyar 24 • Tel. 03 61/8 44 59 35 • www.balibuda.com • €€

MERIAN Tipp

LA LUCCIOLA ▶ Klappe hinten, nördl. a 1
Italienische Eleganz trifft Südseeflair: Tropenparadiesisch schön liegt das offene Restaurant direkt am Strand von Seminyak. Besonderer Service: die Liegestühle. Die Küche lässt keine Wünsche offen. ▶ S. 15

Echo Beach
▶ Klappe hinten, nördl. a 1
Spektakuläre Lage • Büffet mit rohem Fisch und Meeresfrüchten. Alles wird vor den Augen der Gäste zubereitet. Im Open-Air-Bereich hat man freien Blick auf einen der hippsten Surfspots der Insel.
Canggu, Jl. Pura Batu Mejan, Echo Beach • Tel. 08 51/00 47 46 04 • €

Milk and
Madu 🍴 ▶ Klappe hinten, nördl. a 1
Locker • Das offene Gartenlokal bietet ein super Frühstück, ansonsten den Mix aus indonesischer und westlicher Küche.
Canggu , Jl. Raya Pantai Berawa 52 • Tel. 0 85/10 27 81 87 2 • www.milkandmadu.com • tgl. 7.30–22 Uhr • €

EINKAUFEN
In Kuta konzentrieren sich vor allem die Billigläden, Factory Outlets für Surfer (z. B. **Ripcurl** und **Billabong**, beide am By Pass Richtung Flugha-

fen) und die großen Kaufhäuser wie **Discovery Shopping Mall** (Jl. Kartika Plaza) oder die **Bali Galeria** (By Pass, bei Dewa Ruci Statue).

Neueste Errungenschaft unter den Malls ist der **Beach Walk** direkt gegenüber vom Kuta-Strand, neben dem unübersehbaren Hotelbau des Pullman. Man achtete bei der Mall besonders auf eine offene Bauweise, großzügige Rundgänge und fließende Übergänge zwischen innen und außen. Das Angebot in den Boutiquen und Shops ist stark auf den westlichen Geschmack ausgerichtet und bietet von Design bis Massenware ein breites Spektrum. Hier begegnen Sie vielen Einheimischen, die dem indonesischen Freizeitvergnügen Nr. 1 frönen: Window-Shopping!

Das traditionelle Gegenstück zum Beach Walk ist das Kaufhaus **Mata Hari** am Kuta Square. Dort schauen die Indonesier nicht nur. Hier gibt es alles für den täglichen Bedarf, dazu Kleidung, Schuhe, Haushaltsgeräte und vieles mehr. Im Erdgeschoss lockt eine riesige Souvenir-Abteilung vor allem Touristen. Alles ist zu Festpreisen im Angebot und relativ günstig. Eine gute Alternative für alle, die des Feilschens müde sind oder sich für den Anfang orientieren wollen, wie das Preisspektrum auf Bali aussieht. Je weiter man nach Seminyak kommt, desto exklusiver wird das Angebot, wobei sich dort auch ein Blick in die Seitenstraßen Jl. Kunti und Jl. Laksmana lohnt.

Warisan Gallery
▶ Klappe hinten, nördl. b 1

An das gleichnamige Restaurant ist ein Shop angeschlossen, in dem Stoffe, Puppen und Schmuck angeboten werden. Die Möbel sind wohl zu sperrig für den Export, aber die

Farbenprächtige und wertvolle Mitbringsel sind handgewebte Stoffe, die man in den Läden an Kutas Shoppingmeile (▶ S. 45) in großer Auswahl findet.

Accessoires für Bar, Küche und Büro lohnen einen Blick!
Kerobokan, Jl. Raya Kerobokan 38 • www.warisan.com

KUTA

Ady Shop ▸ Klappe hinten, östl. c 3
Besteck aus Kokosnussholz, Perlmuttlöffel, Bambuskörbe und Holzschalen – alles in guter Qualität.
Kuta, Jl. Merta Nadi 89 • Tel. 03 61/8 47 68 24

Silver ▸ Klappe hinten, c 4
Große Auswahl an Silberschmuck, darunter auch teure Exemplare.
Kuta, Jl. Legian 182 • www.yusuf silver.com

SEMINYAK

Bali Gucci ▸ Klappe hinten, nördl. b 1
Einzigartige antike Stücke, Masken, Möbel und Stoffe aus Indonesien.
Seminyak, Jl. Raya Basangkasa 4

Biasa ▸ Klappe hinten, b 1
Herrliche Kleider für Tropen-Prinzessinnen und -Prinzen aus Baumwolle, Leinen und Seide.
Seminyak, Jl. Raya Seminyak 36 • www.biasgroup.com

Disini ▸ Klappe hinten, nördl. b 1
Traumhaft schlichte Bett- und Tischwäsche aus lokaler Produktion.
Seminyak, Jl. Raya Seminyak 6–8

Milo's ▸ Klappe hinten, c 4
Originelle Designerkleidung.
Seminyak, Jl. Sarinande 1A • Tel. 03 61/73 04 10 • www.milos-bali.com

WELLNESS

Jari Menari ▸ Klappe hinten, nördl. b 1
Jeder, den Sie nach der besten Massage fragen, wird mit »Jari Menari«

antworten. Gründerin Susan Stein bildet ihr ausschließlich männliches Team kontinuierlich weiter. Zen-orientierte, halb offene Behandlungsräume. Mittlere Preise.
Seminyak, Jl. Raya Basangkasa 47 • Tel. 03 61/73 67 40 • www.jarimenari. com • tgl. 9–21 Uhr

MERIAN Tipp

KLEIDER UND BRILLEN NACH MASS ▸ Klappe hinten, b 4

In Legian schneidern Experten Kopien von mitgebrachten Lieblingsstücken, aber auch Neues. In den Malls sind die Optiker der Hit. Markenbrillen und Top-Gläser zu niedrigen Preisen. ▸ S. 15

Prana Spa ▸ Klappe hinten, nördl. b 1
Das Spa des Resorts »The Villas« orientiert sich ganz an der indischen Gesundheitslehre und bietet neben klassischen Behandlungen auch ayurvedische Anwendungen und Yoga an. Obere Preisklasse.
Seminyak, Jl. Kunti 118 • Tel. 03 61/73 08 40 • www.thevillas.net

AM ABEND

Nach dem Terroranschlag im Oktober 2002 hat sich das Vergnügungszentrum zunächst von Kuta nach Seminyak verlagert. Inzwischen ist das Partyvolk mit voller Wucht nach Kuta zurückgekehrt. Vor allem an der Strandpromenade Jl. Pantai Kuta geht es am Wochenende laut her, reihen sich Open-Air-Bars, Nachtclubs und Discos aneinander. In Seminyak hingegen hat sich am Blue Ocean Boulevard, an der Jl. Camplung Tanduk und an der Jl. Laksmana/Oberoi/Petitenget ein gehobenes Angebot etabliert, das auch Menschen über 25 anspricht. Einen guten Überblick über Konzerte und das Clubleben Balis gibt das zweiwöchentlich erscheinende Magazin »The Beat« (www.beatmag.com), das in jeder Bar ausliegt. Außerdem sind folgende Lokale zu empfehlen:

Old Man's ▶ Klappe hinten, nördl. a 1
Treffpunkt der Surfer. Offene Bar mit Strandfeeling. Beliebt wegen der Travellerkost und der Livemusik.
Canggu • Jl. Pantai Batu Bolong • Tel. 03 61/3 46 91 59 • tgl. 7–1 Uhr • €–€€

KUTA
Galeria 21
Cineplex ▶ Klappe hinten, östl. c 4
Wer auf Bali nicht ohne Kino sein kann, muss hierher.
Kuta, Beachwalk Mall, Jl. Oantai • Tel. 03 61/ 846 56 21

Hard Rock Café/
Centerstage ▶ Klappe hinten, c 4
In den beiden Tür an Tür liegenden Lokalen, die zum Hard Rock Hotel gehören, spielen jeden Abend gute Bands live.
Kuta, Jl. Pantai Kuta • bali.hardrock hotels.net
– Hard Rock Café: So–Do 11.30–1, Fr–Sa 11.30–2, Livemusik ab 22.30 Uhr
– Centerstage: tgl. 10–1, Wochenende bis 2, Livemusik 20.30–24 Uhr

SEMINYAK
KU DE TA ▶ Klappe hinten, nördl. a 1
Tagsüber Restaurant und Lounge, nachts der bekannteste und beste Club Balis. Hier legen Star-DJs auf, und die Schönen tanzen direkt am Strand. Die Drinks haben Weltstadtniveau, die Preise leider ebenso.

Seminyak, Jl. Kayu Aya 9 • Tel. 03 61/73 69 69 • www.kudeta.net • tgl. 8–2 Uhr

Mixwell ▶ Klappe hinten, a 1
Die beliebteste Gay-Bar Balis. Jedes Wochenende ist es zum Bersten voll. Regelmäßig gibt es Drag-Queen-Shows und Gogo-Tänzer.
Seminyak, Jl. Camplung Tanduk 6 • tgl. 19–2 Uhr

The Straw Hut ▶ Klappe hinten, nördl. a 1
Trendy. Bar und Restaurant ziehen ein internationales Publikum an. Abends manchmal Livemusik.
Seminyak • Jl Sari Dewi 17 • Tel. 03 61/73 67 50 • www.thestrawhut. com • tgl. 7–23 Uhr

SERVICE
AUSKUNFT
Tourist Information ▶ Klappe hinten, c 4
Legian, Century Plaza, Jl. Banasari 7 • Tel. 03 61/75 40 92

Polizei ▶ Klappe hinten, c 4
Kuta, Jl. Raya Tuban • Tel. 03 61/ 75 15 98

Ziele in der Umgebung
◎ **Mengwi** 📖 D 4
Der Staatstempel von Mengwi, **Pura Taman Ayu**, ist der zweitgrößte auf Bali und einer der schönsten dazu. Erbaut wurde er 1634 vom König von Mengwi und 1937 erweitert. Die Anlage liegt sehr malerisch auf einer Anhöhe und ist von einem Wassergraben umgeben; im Wasser wachsen Lilien und Lotosblumen. Dadurch hat man den Eindruck, als ob der Tempel auf dem Wasser schweben würde. Die Besonderheit sind zahlreiche hohe **Meru** (Schreine) im innersten Bezirk. Das nahe gelegene

Water Garden Restaurant bietet einen schönen Blick auf den Tempel.
25 km nördl. von Kuta

◎ Sempidi/Lukluk/ Kapal 〔D 4〕

Bekannt sind diese drei Orte wegen ihrer schönen Tempel. Von Kuta aus erreicht man als ersten Ort Sempidi. Hier sind alle drei Dorftempel sehenswert. In Lukluk ist der **Pura Dalem**, der Totentempel, besonders eindrucksvoll, in Kapal der **Pura Sada**, der Ahnentempel.

Alle fünf Anlagen sind überaus reich mit interessanten **Skulpturen** geschmückt; sie stellen häusliche und mythologische Szenen dar. 60 gemauerte **Throne** hat man im 12. Jh. für die Götter im Ahnentempel von Kapal errichtet.
16 km nördl. von Kuta

◎ Tabanan 〔D 4〕

In einer fruchtbaren Reislandschaft liegt diese nette Kleinstadt mit ihren vielen kleinen chinesischen Geschäften. Wenn Sie in Tabanan schon am Vormittag eintreffen, empfiehlt sich unbedingt ein Besuch auf dem lebhaften Markt.

Interessant ist auch das **Museum Subak**, in dem Sie alles zum Thema »Reiskultivierung« finden (Jl. Gatot Subroto, Banjar Anyar, Tel. 03 61/81 03 15, Di–Do 8–14, Fr 8–11, Sa 8–12.30, So 8–14 Uhr). Alle Straßen von Tabanan nach Westen führen zum Meer in schöne einsame Buchten; ein Abstecher lohnt sich auf jeden Fall.
30 km nordwestl. von Kuta

◎ Tanah Lot 〔D 5〕

Ziel dieses Ausflugs, der von Kuta nach Westen führt, ist einer der sechs Nationaltempel Balis – sehenswert wegen seiner idyllischen Lage: Das Heiligtum wurde auf einem Felsen errichtet, den bei Flut das Meer umspült. Am späten Nachmittag geht hinter dem Tempel spektakulär die Sonne unter. Dann wird es hier sehr rummelig. Meiden Sie die Felsenhöhlen, in denen Seeschlangen hausen.
22 km nordwestl. von Kuta

Bei Tabanan (▶ S. 49) liegen Reisterrassen, für die Bali berühmt ist.

Sanur 〔D 5〕

Das »Wahrzeichen« von Sanur ist das Grand Bali Beach Hotel, das einzige Hochhaus auf Bali. Dieses Bauwerk – von Japanern in den Sechzigerjahren erbaut – war von Anfang an ein »Stein des Anstoßes«. Nach seiner Fertigstellung trat dann endlich ein generelles Bauverbot für Hochhäuser in Kraft: Kein neu errichtetes Gebäude darf seither die

Einer der sechs Nationaltempel Balis: ein Schrein in Tanah Lot (▶ S. 49), der nur bei Ebbe zu Fuß zu erreichen ist. Sein Name bedeutet »Land inmitten des Meeres«.

Palmen überragen. Längs der parallel zum Strand verlaufenden Hauptstraße Sanurs, der Jl. Danaú Tamblingan, fühlt man sich in einen europäischen Badeort versetzt: Alles wirkt hier »gesetzter«, geplanter als in Kuta – und das, obwohl sich auch hier, neben den Restaurants und den Cafés, ein kleiner Souvenirladen an den anderen reiht.

Am Strand liegen hinter parkähnlichen Auffahrten die Hotels. In ihren wunderschön angelegten Gärten kann man am Pool unter Palmen sitzen und aufs Meer schauen. Eine kleine Strandpromenade führt bis hinunter zum malerischen Hafen. Dem hellsandigen Strand ist, genau wie in Nusa Dua, ein Korallenriff vorgelagert, das das Baden sicherer macht. Allerdings ist bei Niedrigwasser das Baden wegen der Korallen unmöglich. Hier liegen die hübschen, farbenfrohen Auslegerboote, die die Urlauber zum Schnorcheln oder Tauchen ans Riff oder auch auf die Nusa Penida, die Nusa Lembongan oder nach Benoa bringen.

Sanur bietet den gleichen Komfort wie Nusa Dua, aber mit besserer

Infrastruktur: Wenn man sein Hotel verlässt, kommt man hier eher mit Land und Leuten in Berührung, denn nicht weit vom Badeort liegt das eigentliche Dorf Sanur. Es ist bekannt für seine Musik und für sein Gamelanorchester. Nirgendwo sonst werden alljährlich so viele kulturelle Veranstaltungen offeriert wie in den hiesigen Hotels und Restaurants.

Sanur kommt auf Bali eine wichtige historische Rolle zu: Hier gingen die Holländer erstmals an Land, die Japaner kamen über Sanur nach Bali – und ebenso die ersten Touristen. Schon in den 1950er-Jahren wurden an Sanurs Stränden Hotels im Bungalowstil erbaut. Nach dem Fauxpas mit dem Bau des Bali Beach Hotels besann man sich wieder auf eine Architektur, die den dörflichen Charakter erhält. Inzwischen gibt es am Strand etwa 30 Unterkünfte im Bali-Stil, die fast alle in der obersten Preisklasse angesiedelt sind.

ÜBERNACHTEN
AM STRAND
Tandjung Sari

Nostalgie pur • Bungalows in balinesischem Stil. Stilvolles Restaurant mit guter Küche; Strandbar; sehr kleiner Pool. Geeignet für einen besonders ruhigen Aufenthalt, da jeder Bungalow von einem eigenen kleinen Garten umgeben ist. Nebenan liegt eine Tanzschule, wo man die Proben beobachten kann.
Jl. D. Tamblingan 41 • Tel. 03 61/ 28 84 41 • www.tandjungsarihotel. com • 28 Zimmer • €€€€

Puri Santrian 🎭

Traditionell • Großzügige Anlage im balinesischen Stil. Mehrere Pools und Restaurants direkt am Strand. Club-Bereich mit eigenem Pool und Suiten. Tennisplätze und Spa.
Jl. Cemara 35 • Tel. 03 61/28 80 09 • www.santrian.com • 182 Zimmer • €€€

IM ORT
Villa Tanjung Mas

Gemütlich • Bert und Anneke Holwerda, ein holländisches Ehepaar, wollten sich am südlichen Ende Sanurs einen Alterswohnsitz bauen. Daraus ist ein zauberhaftes kleines Homestay in einem verträumten Garten mit Pool geworden. Strand und Ortszentrum sind jeweils wenige Minuten entfernt.
Jl. Tanjung 12 • Tel. 0 81/3 37 24 09 22 • www.villatanjungmas.nl/eng • 5 Bungalows • €€€

Flashbacks

Klein und günstig • Gemütliches Homestay in einem schönen tropischen Garten mit kleinem Pool. Im stimmigen The Porch Café zur Straße hin werden ordentlicher Milchkaffee und hausgemachte Kuchen serviert.
Jl. D. Tamblingan 110 • Tel. 03 61/ 28 16 82 • www.flashbacks-chb.com • 1 Suite, 3 Bungalows, 4 Zimmer • €

ESSEN UND TRINKEN
The Mezzanine

Stilvoll • Imposante Tropenarchitektur, europäische und asiatische Küche, gehört zum Hotel Puri Santrian.
Jl. Cemara 35 • Tel. 03 61/28 80 09 • www.santrian.com/puri • tgl. ab 18 Uhr • €€€

Three Monkeys

Stylish • Organisch, schönes Ambiente und Lounge-Atmosphäre. Die

umfangreiche Karte bietet für jeden Geschmack etwas. Besonders lecker sind die Steaks und die Frühlingsrollen. Abends spielen oft Bands. Reservierung empfohlen.
Jl. D. Tamblingan • Tel. 03 61/ 28 60 02 • www.threemonkeyscafe bali.com • 11–23 Uhr • €€–€€€

6 MERIAN Tipp

LE MAYEUR MUSEUM, SANUR   D 5

Der belgische Maler Le Mayeur kam in den 1930ern nach Bali, heiratete eine Legong-Tänzerin und blieb. Ihr Haus wurde 1985 zum Museum und zeigt viele seiner Bilder. Ausgestellt sind zudem indonesische Kunstschätze und Antiquitäten.   ▶ S. 16

Batu Jimbar Café
Szenetreff • Café für kleine Snacks und einige Drinks. Die große Terrasse eignet sich perfekt zum Leutegucken. Ab und zu gibt es Livemusik zu hören.
Jl. D. Tamblingan 75 • Tel. 03 61/28 73 74 • www.cafebatujimbar.com • tgl. 12–23 Uhr • €€

CharMing
Bezaubernd • Im hübsch gemachten Restaurant sitzt man sehr gemütlich. Französische, italienische und indonesische Küche.
Jl. D. Tamblingan 97 • Tel. 03 61/28 80 29 • www.charming-bali.com • tgl. 18–23 Uhr • €€

Massimo
Italienisch gut • Etwas kitschiger Italiener, bei dem die Pizza und das Eis aber authentisch schmecken.
Jl. D. Tamblingan 228 • Tel. 03 61/ 28 89 42 • www.massimobali.com • €€

Beach Market
Asia-Mix • An kleinen Warungs bekommt man balinesische, javanische und chinesische Gerichte. Besonders gut: gegrillte Fische!
Jl. Segara Ayu • Tel. 03 61/28 93 74 • tgl. 9–22 Uhr • €

Café Jepun
International • Kleines Restaurant mit täglicher Livemusik. Pick-up-Service in Sanur.
Jl. D. Tamblingan 212 • Tel. 03 61/ 28 70 49 • €

Warung Bento
Japan meets Java • Tolle Kombination von javanischer und japanischer preiswerter Küche.
Jl. D. Tamblingan 27 • Tel. 03 61/ 28 25 72 • tgl. 10–22 Uhr • €

EINKAUFEN
Auf der parallel zum Strand verlaufenden Straße finden sich viele Souvenir-, Kunst- und Antiquitätenläden. Alles ist anspruchsvoller und teurer, aber auch in originellerer Auswahl zu haben als in Kuta.

Nogo – Bali Ikat Centre
Eine große Auswahl an Ikatstoffen, Baumwolle oder Baumwoll-Seide-Gemischen; auch zu Bettdecken und Kissenhüllen verarbeitet. Anfertigung auf Bestellung.
Jl. D. Tamblingan 104 • www.nogo bali.com

Pollok Art Shop
Das Geschäft neben dem Le Mayeur Museum (▶ MERIAN Tipp, S. 16)

Farbenprächtig gekleidet und kräftig geschminkt sind die Tänzerinnen beim Barong-Tanz (▶ S. 54). Es handelt sich um einen exorzistischen Tanz der Reinigung.

wird von der Tochter des Malers betreut und bietet ein breites, gut sortiertes Spektrum des balinesischen Kunsthandwerks: Holzschnitzereien, Bilder, Silberschmuck, Batik.
Nördl. vom Grand Bali Beach Hotel

AM ABEND
Die Bars und Restaurants am Strand bieten oft Livemusik. Schauen Sie bei einem Spaziergang, wo was los ist.

Kafe Wayang
Heißer Szenetreff, der sehr angesagt ist. Freitags und samstags gibt es Jam-Sessions.
Jl. Bypass Ngurah Rai • tgl. 18–2 Uhr

Linga Longa Bar
Jeden Abend wird Livemusik gespielt. Lockere Atmosphäre und Getränke zu zivilen Preisen.
Jl. Sudamala 16 • Tel. 08 78/61 87 29 69 • tgl. 12–2 Uhr

WELLNESS
My Spa at Mercure
Nicht sehr groß, aber mit allem, was man sich für Entspannung und Schönheit wünscht. Behandlungsräume z. T. mit Außendusche oder -bad. Mittleres Preisniveau.
Jl. Mertasari • Tel. 03 61/28 88 33 • tgl. 9–21 Uhr

The Spa at Puri Santrian
Acht Behandlungsräume, fünf davon halb offen. »Back to the basics« ist das Motto, angeboten werden Massagen, Bäder und Treatments für die Haut. Mittlere Preisklasse.
Jl. Cemara 53 • Tel. 03 61/28 80 09 • www.santrian.com • tgl. 9–22 Uhr

SERVICE
BOOTSVERLEIH
Jukung (kleine Auslegerboote der Fischer) kann man überall am Strand mieten.

POLIZEI
Jl. Segara, an der Ecke zur Haupt-
straße zum Flughafen
Tel. 03 61/28 85 97

Ziele in der Umgebung

◎ Batubulan 📖 D 5

Nördlich von Sanur liegt der Batubulan, das Zentrum der Steinmetze.
Hier werden mit großer Geschick-
lichkeit Götter und Dämonen in einen weichen Stein gemeißelt. Es ist
interessant, den Steinmetzen bei ihrer Arbeit zuzusehen oder die kunst-
vollen Skulpturen zu betrachten.
Proben des Könnens der Steinmetze
sind auch im Dorftempel **Pura Pu-
seh** zu bewundern, der zwischen den
Reisfeldern im Norden des Ortes
liegt. Neue Skulpturen schmücken
den Tempeleingang. In Batubulan
finden täglich von 9.30 bis 10.30 Uhr
Barong-Tanzvorführungen statt.
10 km nördl. von Sanur

◎ Benoa 📖 D 5

Nur ein paar Kilometer von Sanur
entfernt liegt der Hafen Benoa. Er
wurde von den Holländern nach der
Eroberung Balis künstlich angelegt.
Benoa ist der Handelshafen der Inselhauptstadt Denpasar.
Interessanter ist aber das benach-
barte Fischerdorf **Tanjung Benoa**
(▸ S. 61), am Nordzipfel der Halbinsel Bukit. Man kann sich mit Fi-
scherbooten übersetzen lassen. Von
Benoa aus kann man auch eine Se-
gelfahrt zur **Insel Lembongan** unternehmen oder die **Schildkröten-
insel Serangan** (▸ S. 55) ansteuern.
10 km südl. von Sanur

◎ Celuk 📖 D 4

Celuk ist berühmt für seine **Silberschmiede**. Hier gibt es inzwischen
riesige Läden mit großen Buspark-
plätzen vor der Tür. Die Preise sind
sehr hoch und in Dollar ausgezeich-

Der Puputan Square (▸ S. 56) mit seinem Heldendenkmal für die Gefallenen im
Kampf gegen die Holländer liegt in einer schönen Grünfläche mitten in Denpasar.

net. Empfehlenswert ist der Weg in eine der kleinen Silberschmieden abseits der Straße. Hier kann man den Handwerkern bei der Arbeit zusehen und mit etwas Glück ein ausgefallenes Stück finden (▸ MERIAN Tipp, S. 14).

16 km nördl. von Sanur

◉ Pulau Serangan   D 5

Das Mini-Eiland wird immer beliebter. Ein lohnenswertes Ziel für Tagesausflüge oder auch längere Aufenthalte. Während an dem zentralen Strand von Jungut Batu mittlerweile viele Ausflugsboote ankern und Strandleben mit Spaßfaktor angesagt ist, lässt sich abseits einiges entdecken. Faszinierende Wanderungen sind möglich. Die Insel bietet bunte Korallenriffe, exzellente Tauchreviere und spektakuläre Kalksteinkliffs. Surfer lieben Wellen. Es gibt mehrere Spots. Sie tragen Namen wie »Playground«, »Razor« oder »Shipwreck«. Lembongan ist weitgehend autofrei und verfügt über tolle Übernachtungsmöglichkeiten.

10 km südl. von Sanur

Denpasar   D 5

ca. 700 000 Einwohner
Stadtplan ▸ Klappe hinten

Alles, was man auf Bali nicht erwartet und nicht sehen will, ist in Denpasar vereint: knatternde Motorräder, Autos und Bemos (umgebaute Pick-Ups), Lärm, Hektik und der unvermeidliche Abgasgestank.

Mit ihren nunmehr fast 700 000 Einwohnern ist die Inselhauptstadt völlig übervölkert. Der dichte Verkehr kann von der Stadt kaum noch bewältigt werden. Trotzdem hat die moderne Zivilisation noch nicht die Oberhand gewonnen. Denpasar bietet mit seiner Architektur und seiner Kultur im Verein mit den »Auswüchsen« der motorisierten Großstadt ein lebendiges Beispiel dafür, wie im Alltag traditionelle und moderne Lebensformen verschmelzen. So steht auf der größten Kreuzung Denpasars (Jl. Gajah Mada und Jl. Veteran) eine große Götterstatue mit vier den Himmelsrichtungen zugewandten Köpfen und acht Armen. Sie stellt den Gott Guru, eine Verkörperung von Shiva, dar. Er soll die bösen Geister beruhigen, damit sie keine Unfälle verursachen. Vor den großen Kaufhäusern in der Jl. Gajah Mada und der Jl. Thamrin sind Götterthrone aufgestellt, an denen mehrmals täglich Opfergaben abgelegt werden. In den Gässchen abseits der großen Straßen läuft das Leben ruhig, beinahe dörflich ab.

Der Name Denpasar (Pasar = Markt) sagt es schon: Die Stadt ist ein großes Handelszentrum. Mitten in der Stadt liegt auch der **Markt**. Alles, was die Insel an Kunsthandwerk und Früchten zu bieten hat, bekommt man hier. Am schönsten ist ein Besuch in den ganz frühen Morgenstunden. Der Markt ist täglich ab 5 Uhr geöffnet.

SEHENSWERTES

Art Center   ▸ Klappe hinten, östl. c 3

Ein Gebäudekomplex in einer schönen Gartenanlage mit Werkstätten, Ausstellungsräumen und einer großen Bühne. Besonders bei Vollmond interessant, da die Einwohner Denpasars dann den allerhöchsten Gott Sanghyang Widi verehren. Jedes Jahr im Sommer findet das mehrwöchige **Bali Arts Festival** (▸ S. 116) mit Demonstrationen in allen für Bali typischen Künsten statt.

Einer der Räume ist den Arbeiten des deutschen Malers Walter Spies gewidmet. Ausgestellt sind Reproduktionen seiner Gemälde und seine Fotoaufnahmen von der Insel. In der Hauptsaison wird hier abends um 18 Uhr der berühmte Kecak-Tanz aufgeführt.

Jl. Nusa Indah • Tel. 03 61/22 71 76 • tgl. 8–17 Uhr, bei Veranstaltungen länger • Eintritt frei

ISI –Indonesian ARTS Institute ▶ Klappe hinten, östl. c 3

Hinter dem Art Center liegen die Gebäude der nationalen Tanzakademie Akademi Seni Tari Indonesia. Hier werden auf Hochschulebene Studenten in Musik, Tanz und Schattenspiel unterrichtet. Dem Unterricht kann man zusehen.

Jl. Nusa Indah • Tel. 03 61/22 73 16

Puputan Square ▶ Klappe hinten, c 3

Das Heldendenkmal auf dem Platz, an dem Denpasars wichtigste Sehenswürdigkeiten liegen, erinnert an den Puputan von 1906, den Selbstvernichtungskampf des Fürstenhofes im Kampf gegen die holländischen Besatzer. Hier wurde im Jahr 1972 die riesige Statue des Gottes Bhatara Guru, des Wächters der vier Himmelsrichtungen, aufgestellt. Seine vier Gesichterpaare ruhen jeweils über einer Straße.

Pura Jagatnata ▶ Klappe hinten, c 3

Dieser »Tempel des Weltherrschers« ist der obersten Hindu-Gottheit Ida Batara Sanghyang Widi Wasa geweiht. Eine goldene Statue im Inneren des Tempels stellt sie dar. Diese heilige Stätte ist ganz Bali und allen Hindus gewidmet. Der Öffentlichkeit ist sie nur an Festtagen und in Vollmondnächten zugänglich – dann wird dem Gott geopfert.

Jl. Surapati

Pura Maospahit ▶ Klappe hinten, a 2

Dieses Heiligtum gehört zu den ältesten Balis. Es wurde im 14. Jh. gegründet, nachdem Bali von Java aus unterworfen worden war und sich javanische Adlige auf Bali niedergelassen hatten. Schreine im Tempelbezirk erinnern an diese noch heute hoch angesehenen Adelsfamilien.

Jl. Dr. Sutomo

Puri Pemecutan ▶ Klappe hinten, b 3

Der 1906 im Kampf gegen die Holländer zerstörte **Palast der Rajahs von Badung** wurde 1907 neu errichtet. Zwar wurde der Palast kleiner, man versuchte aber, sich in der Architektur an das Vorbild des zerstörten Palastes zu halten. In einem Teil des Gebäudes leben noch heute Nachkommen der Rajahs von Badung; ein anderer Trakt wird als Hotel genutzt, wird aber seit einiger Zeit renoviert.

In einem Trakt des Palastes finden oft Ausstellungen zeitgenössischer balinesischer Künstler statt.

Jl. M. H. Thamrin 2

MUSEEN

Bali Museum ▶ Klappe hinten, c 3

Das Völker- und Naturkundemuseum wurde 1932 von den Holländern eröffnet. Der dreiteilige Gebäudekomplex vereint architektonisch die Stile Nord-, Ost- und Westbalis und beherbergt reichhaltige Sammlungen von Exponaten aus Balis Frühgeschichte bis zur Gegenwart. Das Hauptgebäude ist im Stil von Karangasem (Ostbali) erbaut. Hier befinden sich neolithische Funde und Modelldarstellungen der wichtigsten Durchgangsriten.

Links daneben schließt sich ein Gebäude im Stil des Palastes von Buleleng (Nordbali) an. Hier sind Masken, Barongs und Schattenspielfiguren ausgestellt.

Rechts neben dem Hauptgebäude wurde ein Trakt im Stil von Tabanan (Westbali) gebaut. Er beherbergt neolithische Funde.

Jl. Wisnu • Tel. 03 61/22 26 80 • Di–Fr 8.30–15.45, Sa 8.30–12.30, So 8.30–14 Uhr • Eintritt 2000 Rp.

ÜBERNACHTEN

Inna Bali ▸ Klappe hinten, c 2

Kolonialstil • Ein altes holländisches Kolonialhotel, das ein wenig in die Jahre gekommen ist. Es war das erste Hotel auf Bali, in den frühen Dreißigerjahren erbaut. Sehr zentral gelegen. Mit Pool, Bar und einem Restaurant, indonesischer, europäischer und chinesischer Küche.

Jl. Veteran 3 • Tel. 03 61/22 56 81 • www.innabaliheritagehotel.com • 71 Zimmer • €€

ESSEN UND TRINKEN

Bumbu Desa ▸ Klappe hinten, östl. c 6

Köstlich • Mittags wie abends erwartet die Gäste ein Büfett mit Köstlichkeiten aus verschiedenen Ecken des indonesischen Archipels. Rendang aus Sumatra, traditionelle Gerichte aus Java? Alles kommt hier frisch auf den Tisch.

Jl. Puputan Raya 42 • Tel. 03 61/22 18 50 • www.bumbudesa.com • €

Pasar Malam Kereneng

(Nachtmarkt) ▸ Klappe hinten, östl. c 2

Kulturelle Attraktion • Bietet sehr preiswerte und leckere indonesische und chinesische Küche in allen Vari-

Das Bali Museum (▸ S. 56) im Zentrum der Inselhauptstadt zeigt eine der besten und umfangreichsten Sammlungen balinesischer Kunst- und Alltagsgegenstände.

ationen. Außerdem ist das Leben auf diesen Märkten eine Attraktion an sich. Nirgendwo kommt man den Einheimischen näher. Es wird hier vor allem am Abend sehr lebhaft. Aber hüten Sie sich auch besonders vor Taschendieben!

Jl. Hayam Wuruk/Jl. Kamboja • €

Warung Mina   ▸ Klappe hinten, östl. c 6
Mit Musik • Typisches Warung mit ebenso typischen balinesischen und indonesischen Gerichten. Hübscher Garten. Montag und Donnerstag Livebands.

Jl. Tukad Gangga 1/Ecke Jl. Raya Puputan • Tel. 03 61/7 80 78 06 • tgl. 10–23 Uhr • €

EINKAUFEN

Jl. Gajah Mada   ▸ Klappe hinten, b 2
Zu beiden Seiten des Flusses ist hier täglich ab 5 Uhr morgens **Markt**. In der Jl. Gajah Mada und der Jl. Kartini befinden sich viele Antiquitäten-, Stoff- und Kunsthandwerksläden. Ein besonderes Highlight ist das Stoffangebot in den indischen Shops. Antiquitäten findet man auch in der Jl. Kresna und Karna, Souvenirs, vor allem Schmuck und Lederarbeiten, in der Jl. Sulawesi.

Tgl. ab ca. 10 Uhr

SERVICE

AUSKUNFT

Bali Government Tourism Office   ▸ Klappe hinten, östl. c 6
Niti Mandala – Civic Centre, Jl. S. Parman • Tel. 03 61/22 23 87, 22 63 13

Badung Government Tourism Office   ▸ Klappe hinten, c 3
Jl. S. Parman Renon • Tel. 03 61/22 23 87 • tgl. 8–14, Fr bis 11 Uhr, So geschl.

VERKEHRSPOLIZEI
   ▸ Klappe hinten, östl. c 1
Wer keinen Internationalen Führerschein dabeihat, kriegt hier einen Touristenführerschein. Auf Bali gilt Helmpflicht, auch wenn sich einige Einheimische nicht daran halten.

Jl. Supratman • Mo–Sa 8–12 Uhr

Nusa Dua   📖 D 5

Auf der Ostseite der Halbinsel Bukit Badung liegt Nusa Dua. Das Hotelareal ist das Ziel von Urlaubern, die auch in einem Entwicklungsland auf gehobenen Komfort nicht verzichten mögen. Hier bekommen sie alles »frei Haus«: Badeurlaub und ein reichhaltiges Sportangebot (Golf, Tennis, Reiten, Tauchen, Surfen, Fallschirmspringen), das gepflegte Ambiente einer Parkanlage und sämtliche Annehmlichkeiten, die man von gut organisierten Hotelbetrieben mit internationalem Standard erwarten darf. Von Bali und seinen Menschen bekommt man hier natürlich nicht ganz so viel mit. Tänze und Gamelanmusik unterhalten beim Dinner in den Restaurants, Tagestouren können im Hotel gebucht werden. Das Sport- und Freizeitprogramm der Anlagen können alle Gäste nutzen.

MUSEEN

⭐ **Museum Pasifika**
Neben zeitgenössischen Werken aus dem asia-pazifischen Raum sind hier auch Bilder europäischer Künstler zu sehen, die in Indonesien lebten und arbeiteten.

Complex Bali Tourism Development Corporation, Area Blok P • Tel. 03 61/77 49 35 • www.museumpasifika.com • tgl. 10–18 Uhr • Eintritt 70 000 Rp.

Paragliding gehört zu den neuesten Attraktionen an der Ostküste der Bukit-Halbinsel bei Nusa Dua (▶ S. 58). Auch Tandemflüge sind im Angebot.

ÜBERNACHTEN

Amanusa

Stylish • Das unprätentiöseste aller Luxushotels in Nusa Dua. Es bietet neben einem tollen Blick sehr schöne Zimmer. Und zum Golfclub ist es auch nicht weit.
Tel. 03 61/77 23 33 • www.aman resorts.com • 35 Villen • €€€€

Kayumanis

Tropisch großzügig • Jede der Villen ist mit offenem Living Room und Badezimmer, klimatisiertem Schlafzimmer und Pool ausgestattet. Frühstück gibt es 24 Stunden lang, in der Villa oder am Strand, Fahrräder stehen kostenlos zur Verfügung.
Tel. 03 61/77 07 77 • www.kayumanis. com • 20 Villen • €€€€

The Balé

Sehr individuell • Hypermoderne Bungalows, alle mit eigenem Pool.
Nicht direkt am Strand, aber ruhig am Golfplatz gelegen. Zauberhaftes Spa mit allen Annehmlichkeiten und persönlicher Service. Zwei Restaurants runden das Angebot ab.
Tel. 03 61/77 51 11 • www.thebale. com • 26 Bungalows • €€€€

Bali Nusa Dua Hotel

Nicht direkt am Strand • Modernes 5-Sterne-Hotel mit schönen Zimmern, großzügiger Pool. Günstig gelegen zum Bali Collection. Ins Einkaufsdorf und zum Strand gibt es regelmäßige Shuttles.
Kawasan Pariwisata Nusa Dua Lot NW/1 • Tel. 03 61/8 49 88 33 • www. balinusaduahotel.com • €€€

ESSEN UND TRINKEN

Gourmand Deli

Nicht nur Picknick • Natürlich ist es etwas abwegig, auf Bali von Schokolade und Käse zu schwärmen. Aber

der Gourmand Deli im St. Regis Resort bietet schlicht die beste Qualität, den besten Service und die schönsten Picknickkörbe, die man sich vorstellen kann.
Kawasan Pariwisata • Tel. 03 61/8 47 81 11 • www.stregisbali.com/en/gourmand-deli • tgl. 10–22 Uhr • €€€

Kayuputi

Für Gourmets • Das Fine Dining Restaurant des St. Regis Resort ist zurzeit das Gesprächsthema auf Bali. Es liegt direkt am Strand und kombiniert helle, luftige Architektur mit raffinierten, modernen Gerichten und höllisch guten Desserts.
Kawasan Pariwisata • Tel. 03 61/3 00 67 86 • www.kayuputirestaurant.com • tgl. 12–24 Uhr • €€€

Bebek Bengil

Spezialitätenrestaurant • Es wird auch international gekocht, aber bekannt ist das Strandrestaurant v. a. für Entengerichte in allen Varianten, darunter auch die legendäre »bebek betutu«, die kunstvoll im Bananenblatt geschmort wird. Filialen in Ubud und in der indonesischen Hauptstadt Jakarta.
Nusa Dua Resort Area • Tel. 03 61/8 94 81 11 • www.bebekbengil.co.id • tgl. 11–23 Uhr • €€–€€€

EINKAUFEN
Bali Collection

Ein ganzes Dorf nur zum Shoppen und Schlemmen. In einem riesigen Park verteilen sich unterschiedlichste Läden. Von Kunsthandwerk über Antiquitäten bis Mode ist hier alles zu haben. Dass Nusa Dua eher das gehobene Segment bedient, merkt man auch hier an den Preisen.
Nusa Dua Tourism Complex • Tel. 03 61/77 16 62 • www.bali-collection.com • tgl. 9–23 Uhr

Ziele in der Umgebung
◎ Jimbaran   📖 D 5

Über eine schmale Landbrücke gelangt man nach Jimbaran, einem ehemaligen Fischerort in einer weißsandigen Bucht südlich des Flughafens. Ein vorgelagertes Riff schwächt die Wellen ab, sodass das Baden nicht so gefährlich ist wie in Kuta. Viele Restaurants befinden sich direkt am Strand, der sich abends in eine riesige Gourmet-**Fischmeile** 🏮 verwandelt. Fisch und Meeresfrüchte werden vor Ihren Augen zubereitet. Hier liegt auch der Tempel **Pura Ulun Siwi**, der Tanzmasken beherbergt.
10 km nordwestl. von Nusa Dua

ÜBERNACHTEN
Four Seasons Resort

Sehr gelungen • Luxushoteldorf am Ende der Jimbaran Bay. Alle Villen haben einen eigenen kleinen Garten und Pool mit Meerblick.
Jimbaran Bay • Tel. 03 61/70 10 10 • www.fourseasons.com/jimbaran bay • 147 Villen • €€€€

Kubu Garden

Familiär • Die kleine Anlage liegt nur wenige Minuten vom Strand entfernt. Der Pool des Nachbarhotels Bhaganan kann mitbenutzt werden, wenn man dort etwas verzehrt.
Jl. Pratama, Gang Guntur 6 • Tel. 03 61/8 49 86 30 • www.kubugarden.com • €€

ESSEN UND TRINKEN
Lias Café

Fisch am Strand • Eines der besten Restaurants auf der Fischmeile. Fri-

scher Red Snapper, Hummer und King Prawns satt. Wenn man nach Sonnenuntergang kommt, bekommt man leichter einen Tisch.
Jl Pemalisan Agung • Jimbaran • Tel. 08 12/3 98 14 08 • madediyanaliacafe. blogspot.de • 11–22 Uhr • €€–€€€

Nyoman Café

Frischer Fisch • Eines von zahlreichen Seafood-Open-Air-Restaurants am Strand von Jimbaran. Hier wird der Fisch über einem Feuer aus Kokosnussschalen gebraten. Besonders schön ist es hier zum Sonnenuntergang um 18 Uhr!
Jl. Four Seasons, Muaya Beach • Tel. 03 61/7 46 03 73 • €

EINKAUFEN
Jenggala

Wer von Bali-Keramik spricht, meint Jenggala. Die Auswahl an formschönen Stücken im gestylten Fabrikshop ist groß, aber eher teuer. Erhältlich ist die Keramik auch in den verschiedenen Hotelshops der Gegend.
Jl. Uluwatu II • Tel. 03 61/70 33 11 • www.jenggala.com • tgl. 9–18 Uhr

AM ABEND
Rock Bar

Die Lage oberhalb der Steilküste ist kaum zu toppen. Die Bar schwebt zwischen Himmel und Meer, lädt ein zum Chillen und wird schon ab Sonnenuntergang richtig voll.
Ayana Resort & Spa Bali • Jl. Karang Mas Sejahtera • Tel. 03 61/70 22 22 • tgl. 16–1 Uhr • €€€

◎ Tanjung Benoa   D 5

Im Fischerdörfchen Tanjung Benoa lässt es sich gut tauchen, surfen und Wasserski fahren. Organisiert werden die sportlichen Aktivitäten z. B. vom direkt am Meer gelegenen **Rai**

Wenn die Sonne im Meer untergegangen ist, wird der Strand von Jimbaran zu einem großen Fischrestaurant (▶ MERIAN TopTen, S. 60).

Seafood Restaurant (€€) und ebenso vom **Tanjung Mekar Homestay** (Jl. Pratama, Tel. 03 61/76 20 63, €). Im Dorf befindet sich auch ein alter chinesischer Tempel, der einzige in Südbali. Er wird noch heute genutzt und zeugt von der jahrhundertelangen Besiedlung durch Handel treibende Chinesen. Wer nicht in Nusa Dua wohnen will, findet auch hier kleine, gemütliche Unterkünfte.
5 km nördl. von Nusa Dua

ÜBERNACHTEN
Bali Reef Resort
Strandlage • Zentral im Fischerdorf Tanjung Benoa gelegen. Komfortable Bungalows im Inselstil mit Klimaanlage und Kühlschrank in einem tropischen Garten. Viele Wassersportangebote, hübsches Restaurant am Strand. Pool und Poolbar.
Jl. Pratama • Tel. 03 61/77 62 91 • www.balireef-resort.com • 28 Bungalows • €€€

ESSEN UND TRINKEN
Mr. Bob Beachfront Restaurant
Direkt am Strand • Bekannt für die Grillspezialitäten und das gute Preis-Leistungs-Verhältnis.
Jl. Pratama, Tanjung Benoa • Tel. 0 81/2 38 05 23 66 • www.mrbobbarandgrill.com • 11–23 Uhr • €€

◎ Uluwatu   D 6
Die westlichen Strände der Halbinsel in Richtung Pura Luhur Uluwatu sind felsen- und buchtenreich und besonders geeignet zum Surfen. Wer nach Bukit fährt, lässt die fruchtbare Landschaft der Reisterrassen hinter sich. Auf dem kargen Boden der Kalksteinhalbinsel herrscht die Vegetation der Steppe vor, ein trockenes Buschland mit wenigen Dörfern.

Neben den legendären Surf-Topspots **Bingin** und **Padangpadang** mit einfachen Homestays sind in letzter Zeit weiter südlich einige außergewöhnliche Luxusresorts auf den Klippen hoch über der Küste entstanden. Sie alle bieten hervorragende Gastronomie. Wer nicht ab 800 US-$ aufwärts für eine Nacht bezahlen will, sollte sich zumindest einen Drink mit atemberaubender Aussicht aufs Meer genehmigen.
30 km westl. von Nusa Dua

SEHENSWERTES
🔳 Pura Luhur Uluwatu
An der Südwestspitze der Halbinsel in der Nähe des Dorfes Pecatu liegt das berühmteste Heiligtum des südlichen Bali: der Felsentempel Pura Luhur Uluwatu. Diese Sehenswürdigkeit zählt zu den sechs Reichstempeln auf Bali und gilt als Heiligtum Rudras, einer Erscheinungsform Shivas, die über die südwestliche Himmelsrichtung herrscht.
Der Tempel in der Nähe des Dorfes Pecatu markiert den südlichsten und zugleich auch den spektakulärsten Punkt der gesamten Insel. Im Jahr 976 wurde er in schwindelerregender Höhe über dem Meer bis an die äußerste Grenze des Kliffs gebaut. Der Felsen, der sich wie der Bug eines riesigen Dampfers in das Meer schiebt, verkörpert für die Balinesen das steingewordene Schiff von Dewi Danu, der Göttin des Meeres und der Seen. Der Mythologie zufolge kam Dewi Danu übers Wasser, um gemeinsam mit Mahadewa die Bergregion zu beherrschen.
Als eine der Hauptattraktionen Balis gehört der Tempel zum klassischen Tourprogramm. Kommen Sie morgens, dann teilen Sie seine Schönheit

nur mit den vielen halbwilden Affen, die überall herumturnen. Zum Sonnenuntergang wird es voll, vor allem weil im Amphitheater auf dem Gelände der traditionelle **Kecak-Tanz** aufgeführt wird. Den Platz erleuchten dann Fackeln, darüber der Sternenhimmel, und in der Tiefe rauschen die Wellen gegen den Fels. Eines der vielen unvergesslichen Erlebnisse, die Bali zu bieten hat.

ÜBERNACHTEN
Alila Villas Uluwatu

Öko-Vorreiter • Fantastisch gelegen auf der Klippe von Bukit Badung. Der Architektur gelingt eine auf Bali einmalige Mischung von Natur und Design. Das Hotel wurde mit dem Green Globe ausgezeichnet.
Banjar Tambiyak, Desa Pecatu, Jl. Belimbing Sari • Tel. 03 61/8 48 21 66 • www.alilahotels.com • 84 Villen • €€€€

Balangan Sea View Bungalow   D 5

Entspannt • Beliebt bei Surfern und jungen Familien. Die Anlage liegt auf einem Kliff über dem Meer und bietet schöne Aussichten. Die Bungalows sind auch für mehrere Personen gut geeignet, die einfacheren Zimmer liegen im Haupthaus. Schöner Garten mit Pool, nicht weit zu den Surferstränden.
Balangan Beach, Jl. Pantai Balangan 2 • Tel. 08 51/00 80 04 99 • www.balanganseaviewbungalow.com • 6 Bungalows, 5 Zimmer • €–€€

AM ABEND
Kecak-Tanz

Jeden Abend nach Beginn der Dunkelheit wird im Amphitheater neben dem Tempel Pura Luhur Uluwatu der Kecak-Tanz gezeigt. Fackeln beleuchten die Szene, und unten rauscht das Meer.

Kecak-Tanzaufführung im Tempel von Uluwatu (▶ MERIAN TopTen, S. 62). Bei diesem Tanzdrama stehen oft mehr als 100 Tänzer und Tänzerinnen auf der Bühne.

Zentralbali

Spektakuläre Heiligtümer und andere kulturelle Highlights prägen die Inselmitte rund um Ubud. Von den Naturschönheiten ganz zu schweigen.

◄ Die Bauern aus Dörfern der Umgebung verkaufen auf dem Markt von Ubud (► S. 65) Obst und Federvieh.

Der Norden

Der Westen

Zentralbali   Der Osten

Der Süden

Ubud

► D 4

30 000 Einwohner
Stadtplan ► S. 67

Zentralbali ist die Landschaft der für die Insel so typischen Reisfelder. Hier befinden sich um Ubud herum, dem »Herz« Balis, die meisten Sehenswürdigkeiten.

Ubud, inzwischen ein riesiges, vom Fremdenverkehr beherrschtes Straßendorf, war noch bis vor einigen Jahren die Rückzugsidylle von Bali-Urlaubern, die die traditionelle Kunst und Kultur der Balinesen kennenlernen und auch die noch relativ unberührte Natur erleben wollten. Davon ist heute auf der Hauptstraße Ubuds nichts mehr zu spüren. Geschäfte, Cafés und Restaurants reihen sich aneinander.

Doch nach wie vor ist der Ort das künstlerische Zentrum Balis. In Ubud und Umgebung leben und arbeiten Tänzer, Musiker, aber vor allem Maler, die sich an traditionellen Motiven orientieren, und auch die besten Holzschnitzer. Viele europäische Künstler haben die Malerei beeinflusst. Gut zu sehen ist dies im **Neka Art Museum** ⭐.

Auch eine Fürstenfamilie ist hier seit sechs Generationen ansässig. Ihr gehören neun der zwölf Tempel in und um Ubud. Zur Pflege der hinduistischen Tradition finden viele Tempelfeste und Zeremonien statt.

Ein anderer Reiz Ubuds liegt in seiner landschaftlich abwechslungsreichen, wunderschönen Umgebung: Hier befinden sich Schluchten, Reisfelder, tropische Wälder und kleine ursprüngliche Dörfer. Auch das Klima ist angenehm kühl. Ein Ort, der einen längeren Aufenthalt wert ist und sich überdies als Ausgangspunkt für Ausflüge in die sehenswerten Orte Süd- und Zentralbalis sehr gut eignet.

In den letzten Jahren entstanden bei Ubud sowie den Dörfern **Sayan** und **Kedewatan** in der wildromantischen **Ayung-River-Schlucht** einige Luxushotels, die einen atemberaubenden Ausblick auf das Naturpanorama bieten.

SEHENSWERTES

🍃 Green School
► S. 67, südl. b 6

Keine Schule, sondern ein Zukunftsversprechen. Alles ist hier aus Bambus. Optisch eher ein Abenteuerspielplatz als ein Schulgelände, aber detailgenau durchgeplant. Die Idee: gemeinsames Lernen für einen bewussten und nachhaltigen Umgang mit der Natur. Ein internationales Vorzeigeprojekt. Täglich bieten Schüler und Lehrer Touren über das gesamte Gelände an, nicht billig, aber lohnenswert.

Jl. Raya Sibang • Tel. 03 61/46 98 75 • detaillierte Infos und Zeiten unter www.greenvillagebali.com/visit/

Monkey Forest 👫
► S. 67, b 5

Von der Kreuzung (Palast/Pasar) aus geht man die Monkey Forest Road in südlicher Richtung und kommt nach etwa einer Viertelstunde zum Affenwald. An einer Dreiwegkreuzung steht ein riesiger Waringin-Baum, wo eine Affenherde lebt. Einer der drei Wege führt durch ein Waringi-Baum-Tor zu einem Flüsschen und einem Badeplatz mit Tempel. Am Eingang zum Wald steht ein Häuschen. Dort trägt man sich in ein Buch ein und zahlt Eintritt.

Jl. Monkey Forest • www.monkey forestubud.com • tgl. 8.30–17.30 Uhr • Eintritt 40 000 Rp.

MERIAN Tipp

REISTERRASSEN VON UBUD ▷ D 4

Palmen spiegeln sich im Wasser der Reisfelder, bunte Fähnchen wehen im Wind. In den Kanälen gluckert das Wasser. Hier und da bellt ein Hund. Ansonsten herrscht Stille.   ▶ S. 16

Pura Dalem Agung Padang Tegal ▶ S. 67, b 5

Der Tempel liegt am Rande des Affenwaldes. In einem benachbarten kleinen Warung wohnt die Tempelpriesterin. Bemerkenswert ist das Tor zum Innenhof, das auf einer von zwei Schlangen umwundenen Riesenschildkröte ruht. Sieben Furcht einflößend gestaltete Rangdas (Hexen) bewachen das Tor – ein Hinweis auf die Funktion des Heiligtums als Todestempel.

Puri Saren ▶ S. 67, c 3

Dieser Palast liegt gegenüber dem Markt im Zentrum von Ubud. Hier werden ein heiliger Kris (Dolch) und die Maske des Affengenerals Hanuman verwahrt. Hauptattraktion sind die Tänzer am Abend. Der Beginn ist um 17.30 Uhr.

MUSEEN

Agung Rai Museum of Art (ARMA) ▶ S. 67, c 6

Der Kunstsammler Agung Rai ist eine lebende Legende. Seine Leidenschaft für die Kunst begann mit dem Kauf eines einzigen Gemäldes, das er sich als Student vom Mund absparte. Im Laufe vieler Jahre trug er dann eine der bedeutendsten Kunstsammlungen Balis zusammen und verwirklichte sich mit dem Museum einen Traum. Die Ausstellungsräume liefern umfassende Eindrücke von den Bilderwelten, die Walter Spies und seine europäischen Malerfreunde auf Bali vorfanden, zeigen aus den 1930ern die Gemälde der Batuan-Gruppe und Arbeiten von Walter Spies sowie Rudolf Bonnet. Zum ARMA-Konzept gehören regelmäßige Aufführungen klassischer Tänze, Workshops und die Ausbildung nachfolgender Generationen. Ein Kulturzentrum im besten Sinn. Allein das Areal mit seinen verwunschenen Gärten ist einen Besuch wert. Das Restaurant und ein kleines Resort (€€€) erwirtschaften das Geld zum Erhalt des Museums.

Jl. Raya Pengosekan • www.arma bali.com • tgl. 9–18 Uhr • Eintritt 40 000 Rp.

House of Lempad ▶ S. 67, c 4

An der Hauptstraße (Jalan Raya) lebte Ubuds aktivster und interessantester Maler I Gusti Nyoman Lempad. Sein Haus ist nun Museum. Als Lempad 1978 starb, war er 116 Jahre alt. Kurz nach ihm starben seine Freunde, der Maler Rudolf Bonnet und der Prinz von Ubud. Die Kremation der drei Männer wurde zu einer spektakulären Zeremonie.

Jl. Dewisita • tgl. 8–22 Uhr • Eintritt frei

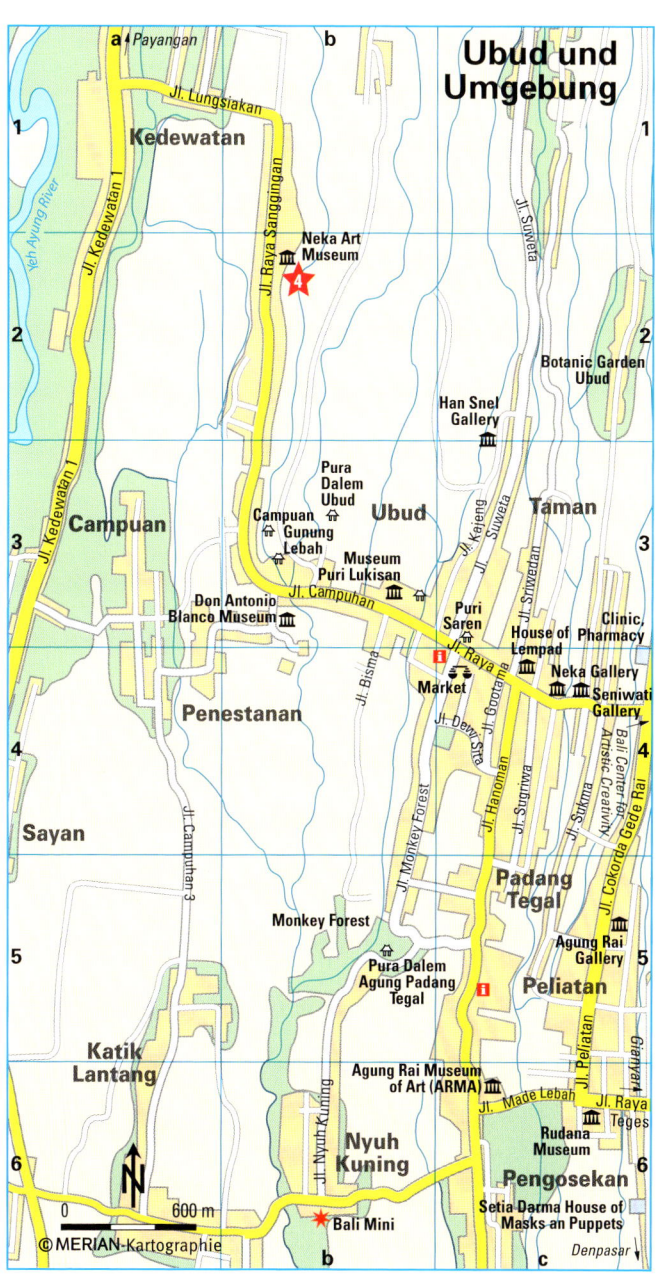

Ubud und Umgebung

Payangan

Jl. Lungsiakan

Kedewatan

Jl. Raya Sanggingan

Neka Art Museum

Jl. Suweta

Yeh Ayung River

Jl. Kedewatan 1

Botanic Garden Ubud

Han Snel Gallery

Pura Dalem Ubud

Campuan
Gunung Lebah

Ubud

Taman

Jl. Kajeng

Jl. Suweta

Campuan

Museum Puri Lukisan

Jl. Suwetan

Don Antonio Blanco Museum

Jl. Campuhan

Jl. Kedewatan 1

Puri Saren

House of Lempad

Clinic, Pharmacy

Jl. Raya

Neka Gallery

Jl. Bisma

Market

Seniwati Gallery

Penestanan

Jl. Dewi Sita

Jl. Gootama

Sayan

Jl. Campuhan 3

Jl. Monkey Forest

Jl. Hanoman

Jl. Sugriwa

Jl. Sukma

Bali Center for Artistic Creativity

Jl. Raya Pali

Padang Tegal

Jl. Cokorda

Monkey Forest

Agung Rai Gallery

Pura Dalem Agung Padang Tegal

Peliatan

Katik Lantang

Jl. Nyuh Kuning

Agung Rai Museum of Art (ARMA)

Jl. Peliatan

Gianyar

Nyuh Kuning

Jl. Made Lebah

Jl. Raya Teges

Rudana Museum

Pengosekan

0   600 m

Bali Mini

Setia Darma House of Masks an Puppets

Denpasar

© MERIAN-Kartographie

Museum Puri Lukisan (Palast der Malerei)   ▶ S. 67, b 3

Die Gebäude des Museums liegen in einem Park hinter dem Tempel Puri Saraswati mitten in Ubud. 1954 wurde es von dem ehemaligen Prinzen von Ubud, Cokorda Gede Agung Sukwati, gegründet. Das Museum zeigt ein breites Spektrum der balinesischen Malerei. Viele Bilder sind käuflich.

Jl. Raya • www.museumpurilukisan. com • tgl. 8–18 Uhr • Eintritt 30 000 Rp., Kinder frei

⭐ **Neka Art Museum**   ▶ S. 67, b 2

Wenn man Ubud über Campuhan in Richtung Kedewatan verlässt, gelangt man nach etwa 2 km zum Malereimuseum. In 13 Räumen zeigt es die Entwicklung der balinesischen Malerei von 1900 bis heute. Einige Räume sind den europäischen Künstlern gewidmet, die die baline-sische Malerei beeinflusst haben: Rudolf Bonnet, Walter Spies, Arie Smit, Han Snell.

Raya Campuhan, Kedewatan • www. museumneka.com • Mo–Sa 9–17, So 12–17 Uhr • Eintritt 40 000 Rp., Kinder frei

Setia Darma House of Masks and Puppets   ▶ S. 67, südöstl. c 6
▶ Familientipps, S. 35

SPAZIERGÄNGE

🍃 **Bali Bird Walks**   ▶ S. 67, b 3

1990 gründete der Engländer Victor Mason, Verfasser des Buches »Birds of Bali«, den »Bali Bird Club« in Ubud. Über 100 Vogelarten findet man rund um Ubud. Auf einem schönen Spaziergang sind mindestens 30 davon zu entdecken, ebenso etliche Schmetterlinge, Bäume und Wildpflanzen. Der 3,5 Std. dauernde Spaziergang kostet inklusive Imbiss,

Die Affen, die im Monkey Forest (▶ S. 65) in einem Waringi-Baum leben, lassen sich nur zu gern füttern. Die Makaken fordern frech ihre Bananen.

Getränken und Leih-Ferngläsern 37 US-$. Di, Fr, Sa und So trifft man sich um 9 Uhr bei **Murni's Warung** (▸ S. 71), andere Termine kann man nach Absprache vereinbaren.

Jl. Campuhan • Tel. 03 61/97 50 09, 0 81/23 91 38 01 • www.balibirdwalk. com

Nach Penestanan

In Campuhan hinter dem Blanco-Museum geht es nach etwa 1 km links den Berg (Treppe) hinauf nach Penestanan. Der Fußweg führt an kleinen Losmen vorbei in das Dorf; es liegt an einem kleinen Fluss mitten in einem Wald. Man überquert in Sayan die Straße nach Kedewatan, biegt dann nach links ab und geht oberhalb des Flusses Ayung über den Reisterrassen entlang. Man taucht ein in die Atmosphäre der Ubud-Malerei: Waldgebiete an den Hängen, unten der Fluss und auf den Feldern Menschen bei der Arbeit. Dann geht der Weg links wieder zurück nach Sayan. Wieder überquert man die Straße nach Kedewatan und geht auf einem kleinen Flussweg durch einen Wald. Am Haus von Antonio Blanco geht man den Weg hinunter nach Ubud.

Dauer: 1,5 Std.

Zum Monkey Forest

Vom Zentrum Ubuds (Markt/Kino/Puri) geht man die **Jl. Monkey Forest** hinunter. Nach dem Affenwald rechts nach **Pengosekan** ins Künstlerdorf. In Pengosekan biegt man links in Richtung Ubud ab, geht die Straße nach Denpasar entlang, vorbei an der **Agung Rai Gallery**, und biegt dann links in eine kleine Straße Richtung Ubud.

Dauer: 2 Std.

In Ubud und Umgebung findet sich eine große Auswahl an Übernachtungsmöglichkeiten verschiedener Preiskategorien. Die günstigeren und mittleren Unterkünfte, in der Regel Homestays oder Losmen, liegen meist direkt in Ubud, die teureren Hotels etwas mehr abseits (Richtung Kedewatan) oberhalb der Reisterrassen. Fast alle Hotels haben keine genaue Adresse.

⭐ **8** MERIAN Tipp

PUTRI BALI   📖 D 4

Eine Wellness-Oase der Extraklasse – und das zu erschwinglichen Preisen. Von Shiatsu über Ayurveda bis zur klassischen Bali-Massage. Extraprogramme für Schwangere.   ▸ S. 17

Alaya Resort   ▸ S. 67, c 5

Stylish • Das Resort liegt zentral und trotzdem mit Aussicht auf die Reisfelder. Die 2015 eröffnete Anlage trägt die Handschrift von Topdesignern und ist in sämtlichen Details auf dem neuesten Stand. Das Restaurant hat sich bereits einen erstklassigen Ruf erworben, ebenso die interessanten Jazz-Konzerte.

Jl. Hanoman • Tel. 03 61/97 22 00 • www.alayahotels.com • 105 Zimmer • €€€

Beji Ubud Resort   ▸ S. 67, b 1

Viel fürs Geld • Im ruhigen, aber sehr gut erschlossenen Stadtteil Sangingan. Das Resort mit Restaurant und Pools ist terrassenförmig im Flusscanyon angelegt und deshalb nichts für schwache Beine. Von einigen der Bungalows kann man mor-

gens den herrlichen Sonnenaufgang direkt vom Bett aus bestaunen.
Jl. Raya Sanggingan • Tel. 03 61/ 97 11 66 • www.bejiubudresort.com • 30 Zimmer • €€

Honeymoon Guesthouse ▸ S. 67, b 4
Wohlfühloase • Kleines Juwel mit einfachen, aber gemütlich eingerichteten Zimmern, etwas von der Hauptstraße zurückversetzt in einer typisch balinesischen Nachbarschaft gelegen. Salzwasserpool und Restaurant, in dem auch balinesische Kochkurse angeboten werden.
Jl. Bisma • Tel. 03 61/97 32 82 • www.casalunabali.com • 19 Zimmer • €€

 MERIAN Tipp

SUA BALI – BALI VERSTEHEN   E 4
In der Ferienanlage der Germanistin Ida Ayu Agung Mas in Desa Kemenuh wird auf den Kontakt zur Dorfgemeinschaft Wert gelegt, z. B. beim gemeinsamen Kochen.   ▸ S. 17

Ladybamboo Villa ▸ S. 67, b 3
Familiär • Mittendrin und trotzdem ruhig auf einem Flussgrundstück. Die wichtigsten Sehenswürdigkeiten, die Reisfelder und das quirlige Zentrum sind nur ein paar Minuten entfernt. Ein gemütlicher Treffpunkt, Infobörse und der Ort, an dem der deutsche Besitzer Lambert und sein Team die besten Tipps verraten. Es gibt Kochkurse, Spa und ein großes Tourenprogramm mit Elektrorädern.
Jl. Kajeng 13c • Tel. 03 61/97 00 48 • www.ladybamboo.com • 12 Zimmer • €€

Melati Cottages ▸ S. 67, a 4
Entspannt und entspannend • Auf der westlichen Seite des Flusses im Künstlerdorf Penestanan liegen diese schlichten Bungalows mit einem oder zwei Schlafzimmern. Schöner Pool, Restaurant und offene Meditationshalle.
Penestanan • Tel. 03 61/97 46 50 • www.melati-cottages.com • 22 Zimmer • €

ESSEN UND TRINKEN

Mozaic Restaurant ▸ S. 67, b 2
Für Gourmets • Laut Michelin-Gourmet-Führer das beste Restaurant der Insel. Chefkoch Chris Salans bietet eine für Bali einzigartige Mischung frischer Gerichte für Feinschmecker. Sehr teuer!
Jl. Raya Sanggingan • Tel. 03 61/ 97 57 68 • www.mozaic-bali.com • tgl. ab 18 Uhr • €€€€

Café Lotus ▸ S. 67, b 3
East meets West • Das offen gestaltete Café liegt im Zentrum. Die Karte bietet neben den Spezialitäten des Tages einen Querschnitt durch die indonesische und europäische Küche, u. a. Pasta und leckere Salate.
Jl. Raya • Tel. 03 61/97 56 60 • www.cafelotusubud.com • Di–So 8.30–23 Uhr • €€

Kafe ▸ S. 67, c 4
Yoga-Restaurant • Das Kafe vereinigt die Atmosphäre eines tropischen Cafés mit der eines Bistros der amerikanischen Westküste. Alle Möbel sind aus recycelbarem Holz von Hand gearbeitet. Vom Frühstück bis zum Abendessen werden ausschließlich Bioprodukte verwendet. Eine gute Mischung aus vegetarischen und nicht vegetarischen Ge-

richten. Ein Trend-Café in Ubud für alle Yoga-Anhänger, die hier an Kursen teilnehmen, dazu kosmische Musik zum Abheben!

Ubud, Jl. Hanoman 44b • Tel. 03 61/4 79 20 78 • www.balispirit.com/kafe • tgl. 8–23 Uhr • €€

Kafe Batan Waru ▸ S. 67, c 4

Populär • Ein populärer Treffpunkt Ubuds, meistens voll mit gut gelaunten Gästen aus aller Welt.

Jl. Dewi Sita • Tel. 03 61/97 75 28 • www.batanwaru.com • tgl. 8–24 Uhr • €€

Moksa Ubud ▸ S. 67, b 4

Kreativ • West-östliche Melange. Vegetarische Küche, die jeden Skeptiker überzeugt. Abseits gelegen. Tolle Lage und Blicke, aber nicht leicht zu finden. Beim ersten Besuch besser ein Taxi nehmen.

Puskesmas Ubud II, Gang Damai • Tel. 03 61/4 79 24 79 • www.moksa ubud.com • Di–So 10–21 Uhr • €€

Sambal Matah Restaurant ▸ S. 67, c 4

Stylish • Super Ambiente, tolle Küche. Eines der besten Restaurants an der Restaurantmeile Jalan Gautama.

Jl. Gootama 5 • Tel. 03 61/97 25 77 • tgl. 9–24 Uhr • €€

Three Monkeys ▸ S. 67, b 4

Internationaler Küchenmix • Mediterranes Restaurant mit Reisfeld-Sicht. Sagenhaft gutes Eis, das aber seinen Preis hat.

Jl. Wenara Wana • Tel. 03 61/97 55 54 • €€

Alchemy Café ▸ S. 67, a 4

Hip • Fantasievoll und lecker zubereitet liegt bio-vegan-veggie voll im Trend. Wie man das hinkriegt, zeigen die Chefs auch in Kochkursen. Besondere Kuchen und Desserts.

Jl. Penestanan • Tel. 03 61/97 19 81 • 7–21 Uhr • €–€€

Jalan Gaotama ▸ S. 67, c 4

Für Flaneure • Die kleine Nebenstraße ist in letzter Zeit zu Ubuds Restaurantmeile aufgestiegen und folgerichtig auch unter der Bezeichnung »Food Street« bekannt. Vom Balistyle über Thaiküche bis zu den Esstempeln der Veganer ist hier alles versammelt. Ein originelles Ambiente ist in fast allen Häusern garantiert, bei erstaunlich zivilen Preisen.

Murni's Warung ▸ S. 67, b 3

Immer gut • Das bekannteste Restaurant Ubuds, wenn nicht ganz Balis, befindet sich in Campuhan an einer alten Hängebrücke. Es ist in den Abhang einer Schlucht gebaut und bietet Sitzmöglichkeiten auf drei Etagen. Indonesische Speisen sowie hausgemachte Kuchen und Torten.

Campuan, Ubud • Tel. 03 61/97 52 33 • www.murnis.com • 9–23 Uhr • €

EINKAUFEN

Die Hauptstraße Ubuds und die Jl. Monkey Forest sind gesäumt von einer Anzahl kleiner Läden, die sich im Angebot kaum unterscheiden: Holzschnitzereien, Kleidung, Sarongs, Decken und Schmuck.

🌿 Organic Farmers Market ▸ S. 67, c 6

13 kleine Biobauern aus der Region bieten seit 2006 zweimal in der Woche bei Ubud ihre Produkte an: Obst und Gemüse, Eier und selbst gebackenes Brot, Tee und Kaffee, Kräuter und Reis.

Der holländische Archäologe, der Goa Gajah (▶ S. 73) entdeckte, hielt die Fratze über dem Eingang fälschlicherweise für eine Elefantendarstellung.

Pengosekan • Mi 9.30–14 Uhr beim Café Anna, Sa 9.30–14 Uhr bei Pizza Bagus

Campuhan, Bangkiang Sidem • Tel. 0 81/3 53 39 20 13 • www.karsaspa. com • tgl. 10–20.30 Uhr

WELLNESS

Bali Botanica ▶ S. 67, b 2

Schlichtes, kleines Spa mit halboffenen Behandlungsräumen. Im Angebot sind Kräutermassagen, verschiedene Bäder und ayurvedische Anwendungen. Mit Friseur- und Beauty-Salon. Günstige Preise. Jl. Raya Sanggingan • Tel. 03 61/ 97 67 39 • www.balibotanica.com • tgl. 9–20 Uhr

Karsa Spa ▶ S. 67, b 3

Super Massagen. Mitten in den Reisfeldern und in absoluter Ruhe. Hier kann man ganze Tage verbringen, weil auch noch ein schönes Café dazugehört. Vom Zentrum aus ist es ein schöner 30-minütiger Spaziergang dorthin. Unbedingt reservieren!

AM ABEND

Casa Luna ▶ S. 67, b 3

Kunst und Künstler. Restaurant mit ausgefeiltem Programm. Von Poetry Slam bis Jazz ist alles dabei. Hier ist jede Woche etwas anderes los. Jl. Raya Ubud • Tel. 03 61/97 16 05 • www.casalunabali.com • tgl. 15–23 Uhr

Jazz Cafe ▶ S. 67, c 4

Funk, Jazz, Latin oder Blues in stimmiger Atmosphäre. Di bis So spielen ab 20 Uhr Livebands. Jl. Sukma 2 • www.jazzcafebali.com • tgl. ab 17 Uhr

Laughing Buddha Bar ▶ S. 67, b 2

Jeden Abend spielt hier eine andere Liveband. Breites Spektrum von Jazz über Blues und Salsa bis zu Fusion und Weltmusik. Vorher das Programm checken!

Jl. Monkey Forest • Tel. 03 61/ 97 09 28 • www.laughingbuddhabali. com • Mo–So 8–24 Uhr

Tänze

Ubud ist das Zentrum des traditionellen Tanzes. Nirgendwo sonst auf Bali gibt es so viele Tanzschulen und -schüler. Wenn die Tänzer ihre Kunst das erste Mal auf einer Bühne zeigen, liegt eine mühevolle und harte Ausbildung hinter ihnen – absolviert in dem Bewusstsein, eine jahrtausendealte Kultur lebendig zu halten. Tänze gehören zu den religiösen Ritualen wie die Schale Reis zum Alltag. Touristen bekommen davon in der Regel wenig mit, und manch einer beklagt, dass die speziell auf die fremden Gäste zugeschnittenen Aufführungen bereits einen Kulturverfall andeuten. Dabei übersehen Kritiker allerdings gern, wie wichtig diese bescheidenen Einkommensquellen sind. Sie liefern Motivation und sichern den Bestand der Tanzschulen.

In Ubud werden täglich auf verschiedenen Bühnen, in Tempelanlagen, Parks, bei den Museen etc. Tänze gezeigt. Das Touristenbüro hält Veranstaltungskalender bereit, die auch auf besondere Feste hinweisen, bei denen Tänze in Originalfassung aufgeführt werden.

SERVICE

AUSKUNFT

Tourist Office Bina Wisata   ▸ S. 67, b/c 4

Gegenüber dem Café Lotus in der Hauptstraße • Tel. 03 61/97 32 85 • Mo–Sa 8.30–21 Uhr

Ziele in der Umgebung

◉ Goa Gajah (Elefantenhöhle)   📖 E 4

Von Ubud in Richtung Denpasar über Peliatan folgt man dem Wegweiser zur Goa Gajah. Eine steile Treppe führt zu der Höhle hinunter. Die Höhle, eines der ältesten Monumente Balis aus dem 8. Jh., befindet sich in einem riesigen Felsblock und wurde erst 1923 wieder entdeckt. Über dem niedrigen Eingang prangt die Fratze eines riesigen Dämons. Seine Pranken scheinen den Felsen auseinanderzureißen.

Das Innere der Höhle ist beleuchtet. Zur Linken befindet sich die etwa 1 m große Statue des vierarmigen **Elefantengottes Ganesha**. Zur Rechten sieht man auf einer Steinplatte drei Lingams, Phallus- und Fruchtbarkeitssymbole, Verkörperungen des Gottes Shiva.

Eintritt 10 000 Rp.

4 km südöstl. von Ubud

📷 FotoTipp

GOA GAJAH   📖 E 4

Die Elefantenhöhle Goa Gajah zählt zu den meistfotografierten Motiven Balis. Richtig eindrucksvolle Aufnahmen bekommen Sie hin, wenn Sie den Eingang der Höhle heranzoomen und das aufgerissene Maul der Boma-Fratze in den Mittelpunkt rücken.   ▸ S. 73

◉ Gunung Kawi (Königsgräber) ⭐   📖 D 4

Neben der Goa Gajah, der Elefantenhöhle, gehören die Gunung Kawi aus dem 11. Jh. zu den ältesten steinernen Monumenten auf Bali. Von Tampaksiring sind es nur 1,5 km in

Richtung Süden. Die Königsgräber liegen inmitten von Reisterrassen in einer steilen Schlucht; sie wurden aus dem schwarzen Felsengestein herausgehauen. Unverkennbar ist der ostjavanische Stil. Von den etwa 7 m hohen Candis liegen vier auf der einen und fünf auf der anderen Seite des Flusses, ein weiterer befindet sich im Tal. Es handelt sich um die Ruheplätze des Königs Anak Wungsu, seiner beiden Frauen und seiner Söhne. König Anak regierte Bali 1049 bis 1077.

Die gegenüberliegenden vier Candis sind die Ruheplätze der Lieblingskonkubinen des Königs. Für die Balinesen erklären sich die Entstehung dieses Monuments und die Entstehung der Goa Gajah aus einem Volksmythos – der Riese Kebo Iwo soll sie mit seinen Fingernägeln aus den Felsen gekratzt haben.

In dem Komplex befinden sich auch Höhlen, die von Einsiedlern bewohnt waren, sowie ein Tempel.
13 km nordöstl. von Ubud

◎ **Pejeng** 📖 E 4

Die Gegend um Pejeng ist reich an Altertümern wie kein anderes Gebiet auf Bali. Hier finden sich insgesamt 40 alte Tempel. Zwischen Pejeng und Bedulu steht das sehenswerte **Archäologische Museum** (nur vormittags geöffnet, Eintritt auf Spendenbasis).

In Pejeng liegt auch der Tempel **Pura Panataram Sasih**, einer der sechs bedeutendsten auf Bali. Sehenswert ist hier der »**Mond von Pejeng**«, die größte Bronzetrommel der Welt. Sie ist ein Überbleibsel der indonesischen Bronzezeit, also aus der Zeit von ca. 300 v. Chr. Leider ist sie hoch oben in einem Turm des Tempels

Dämonfigur in Gunung Kawi (▶ MERIAN TopTen, S. 73) nahe der Hauptstraße von Sebatu. Das Monument liegt in einem dicht bewachsenen Tal.

angebracht und daher relativ schlecht zu sehen.

Der »Mond von Pejeng« gilt den Balinesen als heilig. Viele Opfer werden ihm dargebracht. Die Legende will wissen, dass er vom Himmel fiel und in einem Baum landete. Weil das eigenartige Objekt so hell strahlte, störte es einen Dieb bei der »Arbeit«, der daraufhin seine Notdurft daran verrichtete. Diese Respektlosigkeit quittierte das seltsame Ding mit einer Explosion. So sei der Riss in der Trommel zu erklären.

Südlich von Pejeng befindet sich der **Pura Kebo Edan**, der »Tempel des wilden Büffels«, mit einem 4 m hohen Bild des Gottes Bima sowie verschiedenen Wächterdämonen. Auffällig ist der gigantische Phallus, ein Hinweis darauf, dass dieser Ort in der Tradition erotisch-tantrischer Geheimkulte steht. Einzigartige Reliefs sind im Tempel **Pura Puser Ing Jagat** ganz in der Nähe zu sehen.

5 km östl. von Ubud

◉ Petulu   📖 D 4

▶ Familientipps, S. 35

◉ Pujung/Sebatu   📖 E 3

Wenn man von Ubud nach Kintamani fährt, kommt man nach Pujung, in die Stadt der **Holzschnitzer**. Hier werden vor allem Bananenbäume geschnitzt, aber auch Schnitzereien im »Antique-Stil« hergestellt, die in Ubud, Kuta und Sanur an Touristen verkauft werden.

In Pujung biegt man rechts in den kleinen Ort Sebatu ein. Dort liegt der Tempel **Pura Gunung Kawi** in einem Tal. Eingebettet in eine malerische Landschaft, befindet sich ein Badeplatz mit mehreren Badebecken.

14 km nördl. von Ubud

◉ Tampaksiring und Tirta Empul (die heiligen Quellen)   📖 E 4

Von Pujung und Sebatu aus gelangt man in südöstlicher Richtung nach ein paar Kilometern nach Tampaksiring. Hier liegen der in den Fünfzigerjahren erbaute **Sukarno-Palast** und ein neues Gästehaus der Regierung. Bekannt ist Tampaksiring aber vor allem durch seine heiligen Quellen. Von Tampaksiring aus kann man 1 km zu den **Quellen von Tirta Empul** auf der Straße nach Kintamani gut zu Fuß gehen. Eine Inschrift besagt, dass das Heiligtum im Jahre 962 gegründet wurde. Dem Wasser, das in zwei Becken fließt (eines für Männer, eines für Frauen), wird magische Heilkraft nachgesagt. Der wunderschöne Tempel bei den heiligen Quellen gilt als einer der sechs heiligsten auf Bali.

15 km nordöstl. von Ubud

◉ Yeh Pulu   📖 E 4

Von Bedulu oder der Goa Gajah aus kann man zu Fuß durch die Reisfelder nach Yeh Pulu gelangen. Dort findet sich ein **Relief** aus dem 14. Jh., das erst 1925 entdeckt wurde. Auf etwa 40 m Länge sind verschiedene Motive dargestellt: der Elefantengott, eine Kampfszene, ein Mann mit einer Axt, der sich mit einer Frau unterhält. Die Bedeutung des Reliefs konnte bis heute nicht eindeutig geklärt werden, es könnte sich aber um Episoden aus dem Leben Krishnas handeln. Das Relief mündet in eine **Einsiedlerhöhle**.

Da Yeh Pulu nur durch einen etwa 30-minütigen Fußweg zu erreichen ist, sind dort nie viele Besucher anzutreffen.

5 km östl. von Ubud

Der Osten

Der Osten wird vom Gunung Agung dominiert. Die Strände von Manggis und Amed bieten Ruhe für alle, die der Hektik des Südens entfliehen wollen.

◀ Der Pura Besakih (▶ MERIAN TopTen, S. 84): eine Vielzahl von Terrassen, die über Treppen verbunden sind.

Balis östliche Region wird vom Vulkan **Gunung Agung** beherrscht und gleichzeitig durch ihn gefährdet, denn die ärmste Region der Insel litt viele Jahre lang an den Folgen des Vulkanausbruchs von 1963. Die Lavafelder reichen bis zu den schwarzen Stränden der Küste.

Die einstige Bezirkshauptstadt **Karangasem** wurde 1963, nach dem gewaltigen Ausbruch des Gunung Agung, in **Amlapura** umbenannt, weil der alte Name als schlechtes Omen galt. Der Distrikt im Osten war einst Zentrum eines bedeutenden Fürstentums.

Candi Dasa 📖 F 4

Der Badeort Candi Dasa ist kein natürlich gewachsenes Fischerdorf. An einem schönen Strand wurden Anfang der Achtzigerjahre an der gesamten Seeseite einfache Bungalows hochgezogen. Sie säumen heute zusammen mit Hotels, Restaurants, Warungs, Tauchschulen, Foto- und Andenkenläden und Snackbars rechts und links die parallel zum Meer verlaufende Straße.

Der Strand hat durch den Bau der Bungalows großen Schaden erlitten. Auch der Korallenabbau an dem der Küste vorgelagerten Riff hat dem Strand geschadet. Seit ein paar Jahren versucht man, dem entgegenzuwirken. Weit ins Meer hinausragende Wellenbrecher aus Beton wurden gebaut und mit Sand aus Java aufgeschüttet. Bei Ebbe macht er einen trostlosen Eindruck. Mit seinen Korallensplittern und Steinen ist er nur mit Schuhen zu begehen.

Bei Flut kann man schwimmen, doch ist auch das nicht ungefährlich. 5 km östlich gibt es allerdings eine versteckte Bucht mit weißem Sand, südseehaftem Flair und etlichen einfachen Warungs (den besten Fisch serviert man im Sunrise). Am einfachsten erreicht man den Strand mit einem Auslegerboot von Candi Dasa aus. Die Fischer dort bieten die 25-minütige Fahrt für ca. 200 000 Rp. an. Wer zu Fuß geht, muss der Straße nach Amlapura folgen und rechts auf das Hinweisschild »**Pantai Pasir Putih**« achten.

Einen schönen Strand findet man auch in der Bucht von **Manggis** zwischen Padangbai und Candi Dasa. Zwar ist der Sand lavageschwärzt, aber das Meer lädt zum Baden, Tauchen und Schnorcheln ein. Vom Luxushotel bis zu Losmen (einfache Pensionen) gibt es für jeden Geldbeutel eine passende Unterkunft.

ÜBERNACHTEN
Amankila

Elegantes Ambiente • Luxus in pompöser Architektur kann man in diesem gut ausgestatteten Bungalowhotel auf einem Hügel hoch über dem Meer genießen. Am Nachmittag wird Tee am dreistufigen Pool serviert. Eine private Bucht unten am Strand mit Pool ergänzt das Badevergnügen. Schade ist lediglich, dass in der Bucht oftmals Öltanker vor Anker liegen.

Manggis • Tel. 03 63/4 13 33 • www.
amanresorts.com • 40 Bungalows •
€€€€

Nusa Indah

Sehr persönlich • Bungalowanlage
in hübschem Garten. Kleiner Pool
mit Jacuzzi und Mini-Sandstrand an
geschützter Bucht. Kein eigenes Restaurant.
Manggis, Jl. Pura Segara • Tel. 03 63/
4 10 62 • www.nusaindah.de • 5 Bungalows • €€€

Puri Bagus 👫

Für Familien • Resort im balinesischen Stil mit Bungalows in einer
sehr schönen Gartenanlage. Restaurant, Pool und Kinderbecken. Kleines, aber recht feines Spa.
Candi Dasa, Jl. Raya Candi Dasa • Tel.
03 63/4 11 31 • www.puribaguscandi
dasa.com • 46 Bungalows • €€€

Rama Candidasa Resort und Spa

Sehr entspannt • Die Anlage liegt
zwischen Manggis und Candi Dasa
direkt am Meer, zu Fuß ist man
schnell im Zentrum. In ein parkähnliches Gelände sind ein Haupthaus
und 18 Bungalows optimal integriert. Der Zen-Garten bietet herrliche Ruhezonen, und die großen Liegeschaukeln zwischen Meer und
Pool lassen schnell vergessen, dass
hier kein Strand ist. Vom Restaurant
bietet sich ein fantastischer Blick auf
die Lombok Strait.
Sengkidu • Jl. Sengkidu Raya •
Tel. 03 63/4 19 74 • www.rama
candidasahotel.com • 79 Zimmer,
18 Bungalows • €€

The Watergarden

Sehr idyllisch • Diese Hotelanlage ist
zwar nicht direkt am Strand, aber
dafür hat jeder Bungalow einen eigenen Teich vor der Terrasse. Im hübschen Garten befindet sich außerdem ein Pool.
Jl. Raya Candi Dasa • Tel. 03 63/
4 15 40 • www.watergardenhotel.
com • 13 Bungalows • €€

Aquaria

Authentisch • Modern und sehr
schlicht kommt dieses kleine Hotel
am östlichen Ortsende direkt am
Meer daher. Lokale Küche im eigenen Restaurant und Cocktail Hour
am Pool.
Jl. Puri Bagus • Tel. 03 63/4 11 27 •
www.aquariabali.com • 9 Zimmer • €

ESSEN UND TRINKEN

Fast alle Hotels haben ein öffentliches Restaurant. Besonders hervorzuheben sind:

Watergarden Kafe

Faire Preise • Offen gestaltetes Restaurant des gleichnamigen Hotels
mit ausgezeichnetem Ruf. Die Küche
bietet eine erstaunliche Auswahl an
internationalen und indonesischen
Gerichten. Der balinesische Küchenchef hat bereits in Luxushotels
in aller Welt gearbeitet.
Jl. Raya Candi Dasa • Tel. 03 63/
4 15 44 • €€€

Hungry Crocodile

Szene-Treffpunkt • Vor einigen Jahren eröffnete die Französin Catherine ein Restaurant mit indonesisch-
europäischer Karte. Fusion ist
Trumpf – nicht nur in der Küche,
sondern auch beim ausgefallenen
Musikprogramm. Jeden Sonntag
gibt es Livemusik. Dann spielt eine
Band aus Denpasar und animiert die
anwesenden Musiker zu Jam-Sessi

ons. Beste Stimmung ist garantiert! Ein besonderer Tipp: Catherine hat ihr Privathaus in den Bergen und vermietet dort zwei Zimmer mit fantastischem Blick über die Bucht.
Jl. Raya Candi Dasa • Tel. 03 63/4 38 10 03 • tgl. ab 10 Uhr • €€

Vincent's

Kult • Mischung aus Restaurant und Jazzclub. Das Restaurant liegt an der Hauptstraße, hat aber einen romantischen Garten. Auch hier kommt hauptsächlich Fusion auf den Tisch, besonders lecker sind die Fischgerichte. Die Bar platzt vor allem donnerstags aus allen Nähten, dann treten sehr gute Jazzbands auf.
Jl. Raya Candi Dasa • Tel. 03 63/ 4 13 68 • www.vincentsbali.com • tgl. ab 10.30 Uhr • €€

Ziele in der Umgebung

◉ Amlapura
(Karangasem)   📖 F 4

Sehenswert ist in Amlapura der **Palast**, einer der schönsten Fürstenhöfe der Insel. Einige Gebäude sind noch bewohnt, die übrigen können besichtigt werden (Eintritt 20 000 Rp.). Ende des 19. Jh. von Anak Agung Gede Zelantik erbaut, weist er balinesische, chinesische und europäische Stilelemente auf.
Der letzte Rajah von Karangasem liebte Wasserschlösser und ließ 1921 am Meer, 4 km südlich von Amlapura, den Wasserpalast **Ujung** bauen. Vulkanausbruch und Erdbeben ließen nur Mauerreste übrig; das hatte einen ganz besonderen Reiz, bis der Palast renoviert wurde. In der Regel verirren sich nur wenige Touristen hierher. Ein weiterer Palast liegt 5 km nördlich von Amlapura.
10 km östl. von Candi Dasa

ESSEN UND TRINKEN
Bali Asli

Ursprünglich • Wenige Kilometer von Amlapura und in einmalig schöner Umgebung wird nach alter Tradition über offenem Feuer gekocht. Ein rundum tolles Restaurant unter australischer Leitung, in dem auch Kochkurse im Angebot sind.
Desa Gelumpang, Jl. Raya Gelumpang • Tel. 08 28/97 03 00 98 • www. baliasli.com.au • tgl. 10–18 Uhr • €€

EINKAUFEN
Pasar Amlapura

Der Markt von Amlapura liegt versteckt hinter Arkaden und bietet Berge von Gewürzen, nie gesehene Früchte und alle Aromen des indonesischen Archipels.
Jl. Gajah Mada • tgl. 7–17 Uhr

◉ Gunung Agung   📖 E/F 3

Um dieses Massiv zu besteigen, gibt es zwei Ausgangsmöglichkeiten: zum einen vom Besakih aus, zum anderen vom Dorf Sebudi, nördlich von Selat, aus. Zu beiden Orten fährt man von Candi Dasa mit dem Auto 1,5 Std. Für den Aufstieg sollte man sich auf jeden Fall einen Führer nehmen. In der Regenzeit sollte man auf diesen Ausflug besser verzichten, da es an einigen steilen Stellen durch die aufgeweichte Erde sehr rutschig ist. Am schönsten ist eine Besteigung bei Vollmond – so sind Sie rechtzeitig zum Sonnenaufgang auf dem Gipfel. Man sollte unbedingt eine Taschenlampe dabeihaben, auch genügend Wasser und Proviant, feste Schuhe und eine Kopfbedeckung. Den Berg von Sebudi aus zu besteigen ist leichter und dauert etwa 4 Std., vom Besakih aus etwa 6 Std.
40 km nördl. von Candi Dasa

Mahagiri Panoramic Resort  E 4
Vulkanblick • Das Mahagiri ist der
perfekte Ausgangspunkt für die Besteigung des Gunung Agung. Die
Veranden der einfachen, sauberen
Zimmer blicken auf den imposanten
Vulkankegel und die zu seinen Füßen
liegenden Reisfelder. Nach der Tour
kann man sich massieren lassen.
Rendang, Jl. Surya Indah • Tel. 0 81/
23 81 47 75 • www.mahagiri.com •
6 Zimmer • €€

◎ **Padangbai** F 4
Zwischen Candi Dasa und Klungkung liegt der Fährhafen Padangbai.
Er wird von internationalen Schiffs-
linien angesteuert. Hier legt auch die
Fähre nach Lombok ab. Padangbai
liegt in einer schönen Bucht. Das
einstige Fischerdorf wirkt heute leider leicht heruntergekommen.

Vom Hafen in östlicher Richtung
befinden sich in der Bucht einige
kleine Hotels und Restaurants.
10 km westl. von Candi Dasa

Bloo Lagoon Village
Eigenwillig • Der australische Ar-
chitekt Tony Gwilliam hat etwas
oberhalb von Padangbai ein Dörf-
chen geschaffen. Jede der 26 natur-
nah gebauten Villen sieht anders aus.
Am Pool kommt man mit anderen
Gästen ins Gespräch. Tolle Sicht auf
Padangbai und Candi Dasa. Restaurant, Spa, Kochkurse.
Jl. Silayukti • Tel. 03 63/4 12 11 • www.
bloolagoon.com • 25 Villen • €€€

◎ **Tenganan** F 4
Das kleine Dorf Tenganan betritt
man durch ein schmales Tor. Mit-
tels einer Stadtmauer haben die

Bei Tagesanbruch zeigt sich der Gipfel des Gunung Agung (▶ S. 79) oft wolkenfrei.
Dann sollte man spätestens oben angekommen sein.

Bewohner, Angehörige der **Bali-Aga**-Ethnie, die moderne Zivilisation weitgehend aus ihrem Dorf fernhalten können. Jedoch wird auch hier die Idylle zugunsten eines regen Handels aufgegeben: Die zahlreichen Verkaufsstände am Anfang der westlichen Hauptstraße erinnern daran, dass wir nicht in eine andere Zeit eingetaucht sind. Auf den Grasflächen zwischen ansteigenden Terrassen weiden Büffel, in Korbkäfigen krähen die Hähne, und Kinder spielen mit aus Holz gebauten »Riesenrädern«. In der Mitte der Straße befinden sich offene Bales; sie dienen als Versammlungshalle, Schule, Reislager.

Die Dorfbewohner müssen sich einer strikten Gruppenordnung unterwerfen; sie gehören je nach Familienstand, Geschlecht und Alter verschiedenen Dorforganisationen an. Die Dorfgemeinschaft besitzt ausgedehnte Reisfelder, die von Balinesen aus den Nachbardörfern bestellt werden. Sie müssen den Bali Aga die Hälfte des Ertrages abgeben. So bleibt den 300 Bewohnern des Dorfes viel Zeit für ihren feudalen Lebensstil sowie für die Feier, ihre Riten und Zeremonien: Tänze, rituelle Kämpfe, die Pflege der Kampfhähne (die besten sind rosa gefärbt!), die Beschriftung von Lontar-Blättern, die Musik und das Weben des **Geringsing**, eines Doppel-Ikat-Stoffes. Ihre Muster sind Schutzzeichen und werden bei besonderen Zeremonien oder Anlässen getragen. Nur hier werden diese wertvollen Stoffe gewebt. Ihre Herstellung ist unglaublich kompliziert: Für ein Tuch braucht eine Frau fünf bis zehn Jahre. Von der Küstenstraße führt zwischen Candi Dasa und Padang Bai,

etwa 15 Min. nach Verlassen des Ortes, die Abzweigung nach Tenganan in die Berge. Wenn man nicht motorisiert ist, kann man sich von der Küstenstraße aus mit einem Motorrad-Bemo hinauffahren lassen. Am Dorfeingang zahlt man eine Spende.
5 km nördl. von Candi Dasa

◎ **Wasserpalast Tirta Gangga** 🔴6   📖 F 4

Der Wasserpalast Tirta Gangga ist ein Juwel der Gartenbaukunst. 1948 ließ der letzte König von Karangasem ein Kunstwerk mit Badebassins, Teichen und üppigen Gärten anlegen. Von der oberen der drei Ebenen hat man einen einmaligen Blick, die Kulturlandschaft geht nahtlos in das Grün der Reisterrassen über, die in sanften Wellen bis hinunter zum Meer reichen.

Unter einem uralten Banyan-Baum sprudelt die Quelle, die sämtliche Bassins und Teiche des Wasserpalastes speist. Sie steht in direkter Verbindung mit dem heiligen Berg Gunung Agung: Das Wasser selbst ist deshalb für die Balinesen heiligen Ursprungs. Bewacht werden die Bassins und Teiche von steinernen Dämonen und Fabelwesen. Heute darf jeder in den fürstlichen Bassins baden und auf die dem Wasser nachgesagte verjüngende Wirkung hoffen. Wer zeitig kommt, hat die Chance, den Palast relativ ungestört besichtigen zu können.

Oberhalb der Anlage sind die Privatgebäude des Königs noch erhalten – einzelne Zimmer werden sogar vermietet. Im angeschlossenen Restaurant Tirta Ayu kann man vorzügliche balinesische Küche genießen.
Tgl. 7–19 Uhr • Eintritt 20 000 Rp.
13 km nördl. von Candi Dasa

ÜBERNACHTEN

Tirta Ayu Hotel & Restaurant
Königlich • Auf dem Palastgelände von Tirta Gangga und direkt über einem Lotosteich residierte der Rajah, wenn er die Arbeiten am Wasserpalast überwachte und für die richtigen Blickachsen sorgte. Seine Wohnräume sind original erhalten und mit ein wenig Patina überzogen. Tel. 03 63/2 25 03 • www.hoteltirta gangga.com • 2 Villen, 3 Zimmer • €€€

Cabé Bali
Traumhafte Lage • Kleines Resort mitten in der Reislandschaft zwischen Tirta Gangga und Amlapura. Der Blick auf die Küste ist genauso spektakulär wie vom Wasserschloss aus. Und rundum nichts als Grün. Ein Solitär mit sechs balitypischen Bungalows, feinem Garten, Pool und Restaurant. Eine Oase für alle, die gern wandern und das authentische Bali kennenlernen wollen. Der nächste Strand ist nur 8 km entfernt. Pekarangan, Temega • Tel. 03 63/ 2 20 45 • www.cabe-bali.de • 6 Bungalows • €€

Klungkung   E 4

22 000 Einwohner
Zwei Jahrhunderte lang währten Ruhm und Glanz dieses Städtchens im Südosten der Insel. Anfang des 20. Jh. zerstörten die holländischen Besatzer die Metropole.
1702 zog das Herrscherhaus der **Gel-gel-Dynastie** nach Klungkung um. Der Dewa Agung, ranghöchster Rajah auf Bali, ließ sich hier einen Palast bauen. Die Paläste der Gelgel-Dynastie waren Zentren der schönen Künste; bald entwickelte sich auch dieser Fürstenhof zu einer Stätte des Wirkens von Tänzern, Musikern, bildenden Künstlern und Architekten. Es entsprach der Bedeutung des Rajahs, dass man hier auch den Obersten Gerichtshof ansiedelte. Die Gerichtshalle **Kerta Gosa**, die Ende des 18. Jh. erbaut wurde, ist wegen der Deckenmalerei im Wayang-Stil besonders sehenswert. Auch zu Zeiten der Holländer wurden hier noch von drei Brahmanen Urteile gefällt.

Dewa Agung erkannte schon früh (1841) die Oberhoheit der Holländer auf der Insel an und hoffte auf Nichteinmischung. Als aber die Holländer zu Beginn des 20. Jh. anfingen, sich in die inneren Angelegenheiten einzumischen, begann ein militärischer Konflikt. Nur wenige Bewohner überlebten die Auseinandersetzungen zwischen den holländischen Kolonialherren und der Bevölkerung, in deren Verlauf der Rajah mit seinem Gefolge 1908 den Freitod im Kampf (Puputan) wählte. Die Holländer legten den Palast in Schutt und Asche und ließen nur das Eingangstor zu Kaserne und Gefängnis stehen – Mahnmal und Demonstration militärischer Stärke.

Heute mutet Klungkung, durch das sich der Verkehr nach Amlapura zieht, chinesisch an: Oft beherbergen mehrstöckige Häuser chinesische Lebensmittelläden und Restaurants. Lebendiger Mittelpunkt der Hauptstadt ist der täglich – bis zum frühen Nachmittag – stattfindende, pulsierende Markt.

EINKAUFEN

In Klungkung gibt es viele kleine Antiquitätenläden, in denen Souvenirjäger schöne Holzschitzereien, Silberwaren und Stoffe kaufen kön-

Klungklung (▶ S. 82), einst Sitz des Herrscherhauses der Gelgel-Dynastie, ist heute ein lebendiges Städtchen mit vielen chinesischen Einflüssen.

nen. Interessant ist auch ein Bummel über den Markt, der alles Mögliche bietet und täglich bis zum frühen Nachmittag stattfindet. Zum Markt kommt man, wenn man am **Kerta Gosa** rechts abbiegt; der Markt liegt zur Linken.

Ziele in der Umgebung
◎ Kamasam 📖 E 4
Hier wird heute noch in der traditionellen Wayang-Malerei gemalt. Die Bilder werden auch verkauft.
2 km südl. von Klungkung

◎ Nusa Penida 📖 E/F 5
Vom Fischerdorf **Kusamba** (15 Min. per Auto von Candi Dasa) fahren mehrmals täglich Fischerboote zur Insel Nusa Penida. Die Überfahrt dauert, je nach Wind und Wetter, etwa 4 Std. Die Kalksteininsel ist karg; hier wachsen Kakteen; angebaut werden Mais und Kokosnüsse. Die Tier- und Pflanzenwelt ähnelt eher der Lomboks als der Balis. Der Hauptort der Insel ist **Sampalan**, den schönsten Strand hat dagegen **Toyapakeh**, 8 km von Sampalan entfernt.

Auf der ehemaligen Sträflingsinsel leben heute mehr als 40 000 Menschen. Übernachtungsmöglichkeiten gibt es lediglich in Sampalan.

Besser, man lässt sich von Toyapakeh nach **Lembongan** übersetzen. Die kleine Insel wird mehr und mehr zum Hotspot. Vor allem die auf der Hauptinsel lebenden Ausländer haben hier ein Refugium für sich entdeckt. Kaum Autos, und abseits der Hauptbucht laden schöne Küstenabschnitte zu Wanderungen ein.

◎ Pura Besakih ⭐   E 3

Auf etwa 1000 m Höhe, am Rand des Gunung Agung, liegt der Pura Besakih, der Muttertempel der Balinesen. Er ist der größte und heiligste Tempel Balis. Wer das Heiligtum von Candi Dasa aus besuchen möchte, sollte einen Tagesausflug planen. Am besten ist ein Tempelbesuch am frühen Morgen, denn dann herrscht klare Sicht auf den Gunung Agung. Man darf keinen ruhigen, besinnlichen Ort erwarten: Wer den Tempel besichtigen will, muss einen Spießrutenlauf an vielen Händlern vorbei hinter sich bringen.

Alte Dokumente weisen den Tempel schon im 11. Jh. (vorhinduistische Zeit) als Kultstätte der Animisten aus; später sorgte dann die **Gelgel-Dynastie** dafür, dass ihre Ahnen hier verehrt werden. Heute sind alle Rajah-Familien verpflichtet, das Tempelgelände zu unterhalten. Einmal im Jahr pilgern sie bei Vollmond zu der heiligen Stätte und opfern im Namen des balinesischen Volkes.

Die Tempelanlage erstreckt sich über eine Vielzahl von Terrassen und besteht aus 30 Tempeln und Schreinen. Die Höfe sind durch Treppen miteinander verbunden. Im dritten Innenhof werden vor allem Brahma, Shiva und Vishnu verehrt, die Heilige Trinität.

Jedes Jahr zum Vollmond, im März oder April (immer zwei Wochen nach Nyepi), findet eine große Jahresfeier statt. Das größte Tempelfest überhaupt ist **Eka Dasa Rudra**, das nur alle 100 Jahre stattfindet. Sechs Wochen lang wird geopfert, und wer nur irgend kann, pilgert zu dem Fest. 1963 brach während der Vorbereitungen zu der letzten 100-Jahr-Feier der Gunung Agung aus (der erste Ausbruch seit 1350). Eigenartigerweise machten die Lavamassen vor den Mauern des Tempels halt und gingen seitlich vorbei; so blieb der Tempel unzerstört. Weite Teile des balinesischen Ostens jedoch wurden zerstört, und viele Menschen kamen um. 1979 wurde dann – nach Befragung der Götter – das Eka-Dasa-Rundra-Fest wiederholt.

20 km nördl. von Klungkung

Amed   F 3

Der Ort Amed liegt an den Ausläufern des Gunung Agung und des kleineren Gunung Seraya ganz im Osten der Insel. Die Küstenstraße führt von Amed über Bunutan, Lipah und Salang spektakulär an Steilküsten und kleinen Fischerbuchten entlang. Hier liegen romantische Hotels und Losmen, eingebettet in wunderschöne Gärten, obwohl die Vegetation in dieser Region eigentlich eher von Kakteen und gelbem Gras bestimmt wird. Die ganze Küste ab Amed eignet sich auch bestens zum Tauchen und Schnorcheln.

3 km nördlich von Amed liegt der Jemeluk Sea Garden, der als eines der schönsten Tauchparadiese der Insel gilt.

Amed ist unter Reisenden meist der Sammelbegriff für die verschiedenen Fischerdörfer im Nordosten. In den vergangenen Jahren verdreifachte sich die Besucherzahl, was vor allem in den Dörfern Amed und Jemeluk anzusehen ist. Bauwut versetzte das einstige Idyll streckenweise in einen desolaten Zustand. Besser aufgehoben ist man in den Dörfern Bunutan, Lipah und Seraya. Amed wird weiter boomen, vor allem weil von hier aus die schnellste und zugleich billigste Möglichkeit besteht, die der Nachbarinsel Lombok vorgelagerten Gili-Inseln zu erreichen.

Organisiert werden die Touren von **Eco-Dive Bali** (www.ecodivebali.com). Der Kanadier John ist bereits seit 18 Jahren in Amed und kennt nicht nur die besten Tauch-Spots. Er baute auch den »Kuda Hitam Express« auf, die Speedbootverbindung zu den Gili-Inseln. Abfahrt ist täglich um 9 Uhr. Hin- und Rückfahrt 1 100 000 Rp.

ÜBERNACHTEN

Palm Garden Amed Beach & Spa Resort

Beste Lage • Schnorcheln direkt vom Strand aus, nebenan das Fischerdorf Lean, mit dem sich das Resort die Bucht teilt. Schöne Bungalows unter Palmen und ein erstklassiges Restaurant! Die ideenreichen Schweizer Besitzer organisieren für Gäste sehr schöne Touren.
Jl. Amed Seraya • Tel. 03 61/7 37 358 • www.palmgardenamed.com • 7 Villen, 3 Bungalows • €€€

Anda Amed Resort

Hübsch und intim • Dieses Resort liegt nicht am Strand, entschädigt aber mit sagenhafter Sicht aufs Blau des Pools. Die Zimmer sind modern eingerichtet und verfügen über einen eigenen kleinen Garten.
Bunutan • Tel. 03 63/2 34 98 • www.andaamedresort.com • 8 Zimmer • €€

Pura Besakih (▸ MERIAN TopTen, S. 84) ist das bedeutendste Hindu-Heiligtum Indonesiens.

Coral View Villas 🏨

Für Familien • Direkt am Strand und in einen schönen Garten eingebettet. Kinderfreundlicher Pool. Die Bungalows in Strandlage sind besonders geeignet für Familien. Angeschlossen ist das Euro&Dive Center (www.eurodivebali.com).
Jl. Raya Bunutan • Tel. 03 63/2 34 93 • coralviewvillas.com • 20 Bungalows • €€

ESSEN UND TRINKEN

Alle Unterkünfte in und um Amed haben ein kleines Restaurant mit authentischer Küche.

Der Norden

An der Nordküste liegt Sinagaraja, die zweitgrößte Stadt Balis. Dominiert wird diese Region von einer Bergkette mit dem heiligen Berg Batur.

◀ Traumhaft schön am Ufer des Lake Bratan (▶ S. 92) liegt die Tempelanlage Ulun Danu Bratan.

Der Norden

Der Westen

Zentralbali   Der Osten

Der Süden

Singaraja   📖 D 2

130 000 Einwohner

Liegt es an den Häusern im holländischen Kolonialstil oder an den baumbewachsenen Alleen? Die zweitgrößte Stadt auf Bali wirkt leichter und offener als Denpasar und längst nicht so hektisch.

Singaraja lebt von seiner Kultur der Mischungen. Chinesen und Araber fanden hier früh ihre Stützpunkte. Die Hafenstadt war über Jahrhunderte Balis Tor zur Außenwelt, blieb aber aufgrund der unüberwindlichen Gebirgskette vom Süden weitgehend abgeschlossen. Über die Handelsrouten kamen Kaufleute, fremde Einflüsse und Kulturen, aber auch die Europäer mit ihren Eroberungsgelüsten. Bereits 1846 wurde die Stadt Singaraja von den Holländern kolonisiert, 60 Jahre früher als der Süden Balis.

SEHENSWERTES
Gedong Kirtya

Die Bibliothek beherbergt rund 3000 alte Manuskripte, darunter auch **Prasastis**, beschriebene Metalltafeln aus dem 14. Jh. Sie zählen zu den ältesten schriftlichen Zeugnissen auf Bali – ebenso wie die 1000 Jahre alten **Lontar-Bücher**.

Jl. Veteran • Mo–Sa 7–14 Uhr • Eintritt ca. 5000 Rp.

Pura Dalem Singaraja

Dieser viel zu wenig beachtete Tempel liegt im Norden Singarajas auf einer Anhöhe und ist als typisches Beispiel der Tempelarchitektur Nordbalis sehr sehenswert.

Ziele in der Umgebung
◎ **Gitgit Waterfall** ⛾   📖 D 2

Von den Hängen des Zentralmassivs stürzen drei große Wasserfälle in die Dschungellandschaft. Beim höchsten von ihnen hat die Natur ein schönes Bassin geschaffen, in dem man wunderbar baden kann. Von Singaraja aus kommend, sehen Sie auf der Strecke nach Bedugul in einer scharfen Linkskurve die Hinweisschilder zu den Fällen. Dann geht es zu Fuß und durch wilde Natur in die Schlucht hinein. Das schaffen Sie auch ohne die Guides, die überall ihre Dienste anbieten.

11 km südl. von Singaraja

◎ **Kintamani**   📖 E 3

Auf dem Rand eines Kraters liegt der lang gestreckte Straßenort Kintamani, der wichtigste Marktflecken der nördlichen Region. Aber nicht nur wegen des Marktes lohnt ein Ausflug, die Strecke von der Küste in die Berge ist fantastisch schön, die Luft kühl.

55 km südöstl. von Singaraja

◎ **Lake Batur**   📖 E 3

Zum Batur-See gelangt man von Singaraja aus in etwa 1,5 Std. In **Penelokan** sollte man eine erste Rast einlegen, denn der Ort macht seinem Namen (»Aussichtspunkt«) alle Ehre: Er bietet einen großartigen Blick auf den Krater des **Gunung Batur** (1717 m). Mit seinen 12 km

Durchmesser ist der Vulkankessel einer der größten der Welt; der Batur ist Balis zweitheiligster Berg. Von Penelokan aus schaut man auch auf den silbrig-blauen See. Genießen Sie diesen beeindruckenden Blick beispielsweise bei einer Mittagspause im Lakeview Restaurant.

Die am See gelegenen Orte **Toya Bungkah** und **Kedisan** haben jeweils einen Motorbootverleih; angeboten werden auch Rundfahrten über den See. Die Boote machen meist auch in **Trunyan** an der Ostseite des Batur-Sees halt. Fremde waren hier früher nicht so willkommen. Inzwischen haben auch die Trunyaner erkannt, dass der Tourismus die Geldbeutel füllt. Ihr Geschäftssinn geht nun gar bis zur Vermarktung eines Bestattungsritus, der sicher nicht jedermanns Sache ist: Statt ihre Toten, wie sonst auf Bali üblich, zu begraben oder zu verbrennen, bahren

die Einwohner (dem Glauben nach Animisten) sie auf einem Friedhof in der Nähe des Dorfes auf und überlassen sie dort der Verwesung. Zu Fuß ist die Totenstätte nicht erreichbar; interessierte Touristen werden per Boot hingefahren.

Eine andere Besonderheit wird dagegen wie ein Augapfel gehütet: Nur einmal im Jahr holen die Gläubigen die fast 4 m hohe Statue der Naturgottheit **Dewa Ratu Gede Pancering Jagat** aus ihrer »Versenkung« im Tempel hervor. Diese größte Steinplastik auf Bali ist im Oktober Mittelpunkt eines großen Festes.

Wer den Batur besteigen will, sollte morgens aufbrechen, denn am frühen Nachmittag ziehen bereits Wolken auf. Besonders reizvoll ist ein Aufstieg nachts: Bei Sonnenaufgang ist das Bergpanorama ein Erlebnis, das Sie für das frühe Aufstehen garantiert entschädigt.

Die Schwefelquellen Air Panas (▶ S. 34, 89) liegen beim Berg Batur. Das Wasser soll eine heilende Wirkung haben, ohne den penetranten Schwefelgeruch zu verströmen.

Wer eine solche Unternehmung einplant, übernachtet am besten in Toyah Bungkah; der Ort hält einfache Unterkünfte bereit.

Auch Untrainierte können den Aufstieg in etwa 2 bis 3 Std. bewältigen, vorausgesetzt, man hat das passende Schuhwerk. Günstigster Ausgangspunkt für den Aufstieg sind die Schwefelquellen **Air Panas** (▸ S. 34 🍴). Dort bieten Führer ihre Dienste an. Zwar lässt sich die Tour auch alleine schaffen, man sollte aber die Fußpfade nicht auf eigene Faust verlassen. Besonders in Kraternähe treten heiße Gas- und Wasserdämpfe aus Fumarolen aus – sie können gefährlich werden.

55 km östl. von Singaraja

◎ Penulisan   E 3

Der **Pura Tegeh Koripan** auf dem Gunung Penulisan (1745 m) ist der höchstgelegene Tempel Balis. Eine scheinbar endlose Treppe führt hinauf. Bei klarem Wetter hat man einen herrlichen Ausblick bis nach Singaraja und zum Meer. Das Interessanteste an dem Tempel ist ein Pavillon mit Steinskulpturen aus dem 11. Jh., die alle in der Umgebung gefunden wurden. Auf dem Rückweg vom See lässt sich in Sangsit Station machen.

45 km südöstl. von Singaraja

◎ Pura Dalem Jagaraga   D 2

Kurz hinter Sangsit, im Osten Singarajas, befindet sich der Tempel von Jagaraga mit seinen ungewöhnlichen Reliefs: Flugzeuge mit menschlichen Köpfen und Fischschwänzen, Radfahrer und ein Cabriolet. Es sind die Einflüsse der holländischen Invasoren zu erkennen; denn hier fanden Mitte des vorletzten Jahrhunderts heftige Kämpfe statt, die

mit einem Puputan der Einheimischen endeten.

14 km östl. von Singaraja

◎ Pura Meduwe Karang   D 2

In **Kubutambahan**, einem Küstenort östlich von Singaraja, befindet sich einer der berühmtesten Tempel Nordbalis, der hauptsächlich wegen der vielen Steinfiguren eine Besichtigung lohnt.

12 km östl. von Singaraja

📷 FotoTipp

PERSPEKTIVENWECHSEL

Drehen Sie an der Nordküste dem Meer ruhig einmal den Rücken zu. Mutige gehen sogar ein Stück ins Wasser, wählen ein Weitwinkel, nehmen Bergmassiv sowie den Strand ins Visier und halten die tolle südseehafte Szenerie fest.

◎ Sangsit   D 2

Hier befindet sich der sehenswerte Tempel **Pura Beji** aus dem 15. Jh. Er ist der Göttin der Fruchtbarkeit, Dewi Sri, geweiht. Dieser Tempel macht die Unterschiede der Tempelarchitektur Süd- und Nordbalis deutlich: Die Tempel im Norden haben eine symmetrische Anlage, vielfältigere Reliefs und fast barocke Verschnörkelungen, keine **Merus** (Götterschreine mit mehreren Dächern), sondern **Gedongs** (geschlossene Gebäude) als Göttersitze; Fabelwesen und Dämonen bewachen den Eingang.

An den Verzierungen ist der chinesische Einfluss zu sehen, der über Jahrhunderte hinweg seine Spuren an den Tempeln des Nordens hinterlassen hat. Die Plastiken haben bizarre, stark expressive Formen.

Zum Vollmond im April/Mai ist Sangsit Schauplatz der Bungkakak-Zeremonie. In einem Bambuskäfig wird dabei ein Schwein von Männern aus dem Tempel getragen. Sie laufen mit dem Käfig dann einen Hügel hinauf und wieder zurück zum Tempel. Anschließend beginnt ein Prozessionszug zu einer heiligen Quelle außerhalb des Ortes.

9 km östl. von Singaraja

◉ Yeh Sanih (Air Sanih)   📖 D 2

Östlich von Singaraja gibt es ein Badebecken zwischen Meer und Straße, in das natürliches Quellwasser sprudelt. Die steinigen Strände in Air Sanih und weiter östlich sind noch sehr einsam und unberührt. An verschiedenen Orten kann man beobachten, wie auf traditionelle Art Meersalz gewonnen wird.

16 km östl. von Singaraja

ÜBERNACHTEN

Alam Anda Dive and Spa Resort
Ruhige Lage • Inmitten einer großen, palmengesäumten Gartenanlage gelegenes Resort mit hervorragender eigener Tauchbasis (Werner Lau Tauch Center) und einem hübschen, kleinen Spa. Im Restaurant finden regelmäßig traditionelle Bali-Abende statt.
Tejakula • Tel. 0 81/24 65 64 85 •
www.alam-anda.com • 29 Zimmer •
€€€

Ciliks Beach Garden
Palmengarten • Großzügige Strandvillen in unmittelbarer Nähe zum Wasser. Sehr persönlicher und individueller Service durch zwei balinesische Familien. Zudem wird auch auf umweltschonende Maßnahmen geachtet. Die kleine Küche bereitet leckere Speisen für die Hausgäste.
Air Sanih • Tel. 0 87/8 60 55 18 88 •
www.ciliksbeachgarden.com •
6 Zimmer • €€

Lovina   📖 C 2

Lovina Beach schließt im Westen an Singaraja an und erstreckt sich als 5 km langer Küstenstreifen. Von der Straße aus weisen Schilder zu den am Strand gelegenen Homestays und Losmen. Sie alle liegen an der einzigen Straße des Ortes und sind daher leicht zu finden.

In den Siebziger- und Achtzigerjahren galt Lovina als Geheimtipp für Hippies und Rucksacktouristen, die die Ruhe der lavaschwarzen Strände schätzten. Heute sind die Hotels durch eine Promenade vom Strand getrennt, die Ruhe ist dahin, zumindest am Strand. Und doch ist Lovina ein guter Ausgangspunkt für Ausflüge im Norden oder zum Schnorcheln im glasklaren Wasser über dem vorgelagerten Riff.

Lovina lockt Reisende vor allem mit der Aussicht, Delfinen sehr nahe zu kommen. Zahlreiche Fischer warten am Strand auf Kundschaft. Mit ihren Junkungs geht es dann frühmorgens aufs offene Meer. In der Hochsaison sind oft Dutzende von Booten unterwegs, immer auf der Jagd nach den beliebten Meeresbewohnern.

Es gibt inzwischen etwa 40 Unterkünfte. Fast alle liegen am Meer und sind um einiges billiger als die Hotels im Süden. Romantische Stimmung kommt bei Sonnenuntergang auf, wenn die Fischerboote aufs Meer hinausgleiten. Die Dörfer im Norden sind fast alle muslimisch. Nachts

Viele in Lovina (▶ S. 90) ansässige FIscher verdienen ihren Lebensunterhalt mittlerweile im Tourismus, z. B. beim Dolphin Watching in traditionellen Auslegerbooten.

und morgens wird man vom Muezzin geweckt. Balinesische Gebräuche sind hier nicht so stark ausgeprägt.

SPAZIERGÄNGE

In Lovina direkt bietet sich eigentlich nur der Strand in westlicher Richtung für einen Spaziergang an – eine schöne Strecke, auf der man **Muschelschleifern** begegnet. Es ist sehr reizvoll, ihnen bei der Arbeit zuzusehen: Mühsam werden die großen Meeresmuscheln vom Korallenkalk befreit und glatt geschliffen. Man kann hier ins Geschäft kommen, und zwar weit günstiger als in den Souvenirläden.

Wenn Sie Lust auf weitere Spaziergänge haben, schauen Sie sich die Gegend um die heißen Quellen bei **Banjar** näher an (etwa 5 km ab dem Ortsende Lovina in westlicher Richtung). Wer mag, läuft noch gut 2 km weiter bergauf zum sehenswerten Kloster **Brahma Vihara**, Balis einzigem buddhistischen Kloster.

ÜBERNACHTEN

Puri Bagus Villa Resort

Klein und fein • Kleines Resort 2 km östlich von Lovina. Sehr ruhig, offen angelegte Villen, zum Teil direkte Sicht von der Veranda auf die See. Pool, Restaurant und Bar.
Jl. Raya Seririt • Tel. 03 62/2 14 30 • www.puribagus.net • 42 Zimmer • €€€

Puri Mangga

Sagenhafte Aussicht • Zum hübschen Resort geht es mit dem Auto ca. 10 Min. landeinwärts in die Berge. Den Gast erwarten schlichte, aber stimmig eingerichtete Bungalows mit Klimaanlage, TV, Minibar und Außenbad. Dazu Spa, Pool und Kochkurse. Interessante Packages, deutsche Besitzer.

Kayuputih, Jl. Damai • Tel. 08 11/
39 82 52 • www.puri-mangga.de •
6 Zimmer • €€€

Adirama Beach Hotel
Persönlicher Service • Das Hotel des
Holländers Ruud van Ginkel ist
schon ein wenig in die Jahre gekommen, der Service und die Lage direkt
am Wasser entschädigen aber locker
dafür. Schlichte, saubere Zimmer,
Pool und kleines Spa.
Kaliasem, Jl. Raya Seririt • Tel. 03 62/
4 17 59 • www.adiramabeachhotel.
com • 20 Zimmer • €€

Aneka Lovina Villas & Spa
Komfortabel • Im modern-balinesi-
schen Stil erbautes Hotel mitten im
Ort. Jeder Raum und jede Villa verfügt über Veranda oder Balkon. Restaurant, Bar, Pool und Spa.
Lovina Beach, Jl. Raya Kalibukbuk •
Tel. 03 62/4 11 21 • www.anekalovina
bali.com • 59 Zimmer • €€

Sea Breeze Cottages
Mit Seeblick • Einfache Bungalows
direkt an der Strandpromenade.
Restaurant und Bar in einer Bam-
bus-Bale am Strand, abends zum
Sonnenuntergang Livemusik und
leckeres Essen!
Lovina • Tel. 03 62/4 11 38 • €

Am Westrand des Dorfes finden sich
einige günstige und entsprechend
einfache Losmen und Homestays,
die großteils annehmbare Zimmer
vermieten.

ESSEN UND TRINKEN
Kakatua
Vielseitig • Bestes Restaurant in Lovina, in dem sich nicht nur Touristen, sondern auch zahlreiche Einheimische an der vielseitigen Küche
erfreuen. Gekocht wird thailändisch,
indonesisch und indisch.
Jl. Binaria • Tel. 03 62/4 13 44 •
tgl. 11–23 Uhr • €€

Tropis Bistro & Bar
Gute Küche • Australische, indonesische und internationale Küche. Kos-
tenloser Shuttle-Service in Lovina.
Kalibukbuk, Jl. Rambutan • Tel.
03 62/7 01 02 85 • €€

AM ABEND
An der Strandpromenade gibt es
viele kleine Warungs mit Livemusik.

Volcano Club
The place to be! Jedenfalls bei Disco-
Fieber: Mittwochs und samstags
wird bis spät in die Nacht getanzt.
Ansonsten normaler Restaurant-
und Barbetrieb.
Anturan, Jl. Raya Lovina • Tel. 03 62/
4 12 22 • Mi–Sa 21–4 Uhr

Zigiz Bar
Trendige Bar, die gern von Einheimischen und jungen Touristen besucht
wird. Zur Livemusik gibt es kleine
Gerichte europäischer und indonesischer Provenienz.
Kalibukbuk, Jl. Binaria • Tel. 0 85/
7 38 44 60 86 • www.zigiz-bar.com •
tgl. ab 16 Uhr, Livemusik ab 21 Uhr

Ziele in der Umgebung
◎ Bedugul und
Lake Bratan   D 3
Von Lovina aus fährt man eine Drei-
viertelstunde nach Bedugul. Das
kleine Dorf liegt paradiesisch auf
1200 m Höhe am Bratan-See. Meist
ist es hier kühl und regnerisch. Einen
Pullover und lange Hosen sollte man
für diesen Ausflug dabeihaben.

Das buddhistische Kloster Brahma Vihara (▸ S. 91) wurde in Teilen der Tempelanlage Borobodur auf Java nachempfunden. Es öffnete 1970 seine Pforten.

In **Candikuning**, einem Ort an der Westseite des Sees, liegt das Restaurant **Lila Graha**; von hier aus hat man einen herrlichen Blick auf den Bratan-See. An der Spitze des Sees steht der Tempel **Ulun Danu Bratan** in einer schönen Gartenanlage. Hier wird Dewi Danu, die Göttin des Meeres und der Seen, verehrt. Ihr Sitz ist die dreistufige Meru-Pagode, die am weitesten vom Ufer entfernt ist. Näher am Ufer steht eine elfstufige Pagode – der Überlieferung nach für Dewa Pucak Manu bestimmt. Diese ebenfalls mit dem Wasser verbundene Schöpfergottheit soll nach der Sintflut die Menschheit neu erschaffen haben und gilt auf Bali als Begründer des Hinduismus.

Interessant ist, dass am Danau Bratan noch ein anderer Religionsstifter verehrt wird: Gautama Buddha – ein weiterer Hinweis, in welchem Ausmaß der balinesische Hinduismus buddhistische Elemente aufgenommen hat. Morgens ist der Besuch am schönsten. Dann spiegeln sich die Pagoden im Wasser (tgl. 8–18 Uhr, Eintritt 30 000 Rp.) Lohnenswert sind Spaziergänge am See entlang.

Am nördlichen Teil des Sees ist ein Golfplatz angelegt, der internationalem Standard entspricht. Hier, im **Bali Handara Kosaido Country Club** (Tel. 03 62/3 42 26 46, www.bali handarakosaido.com), kann man hervorragend essen.

Auf dem See selbst kann man mit Kähnen oder Motorbooten fahren, außerdem wird Wasserski und Parasailing angeboten.

30 km südöstl. von Lovina

◎ **Botanischer Garten Kebun Raya** 🔶 🍴   📖 D 3

Vergessen Sie alles, was Sie von botanischen Gärten in Europa kennen – dieser hier ist einzigartig, schon aufgrund seiner Ausmaße! Tropische Fülle auf fast 160 ha erwartet den Besucher, darunter 4000 Orchideenarten, ungezählte Hölzer und wahre Baumriesen mit Luftwurzeln. Sie stoßen bei einem Rundgang auch auf überwucherte Tempel und Lichtungen – und überall ist die heimische Fauna zu beobachten. Wer den Park allein erkundet, wird gewiss an vielen schönen Ecken vorbeigehen: Zwar führt vom Gästehaus im Norden ein markierter Spazierweg (8 km) durch die Hügel, man sollte sich aber den »Luxus« leisten, einen Guide zu buchen (ca. 15 €). Wer nicht gut zu Fuß ist, kann den Park auch mit dem Auto erkunden. Die beste Zeit ist April bis Juni, dann blühen die meisten Pflanzen.

Gleich neben dem Botanischen Garten liegt der **Tree Top Adventure Park** (▶ S. 35 🍴), ein Hochseilgarten mit allen Schwierigkeitsgraden. Man kann in Bodennähe bleiben oder aber in schwindelnder Höhe über den Baumwipfeln unterwegs sein und den Dschungel aus der

Vogelperspektive erleben. Sicherheit wird immer groß geschrieben, fachkundige Begleitung ebenfalls.

Candikuning • Tel. 03 68/2 03 32 11 • www.kebunrayabali.com • tgl. 8–18 Uhr (manche Gewächshäuser schließen früher) • Eintritt 18 000 Rp., Auto 12 000 Rp. • geführte Touren kann man auf der Homepage anmelden

30 km südöstl. von Lovina

◎ **Lake Buyan und Lake Tamblingan**   📖 D 3

Auf keinen Fall sollte man einen Ausflug an diese beiden nördlichen Seen versäumen. Am besten fährt man mit dem Bemo bis zu der Straßengabelung, an der die Straße nach **Munduk** abzweigt. Von dort aus kann man einen dreistündigen Spaziergang am oberen Kraterrand des Buyan-Sees entlang durch einsame Wälder machen und herumtollende Affen beobachten. Weiter geht es am Tamblingan-See entlang nach Munduk; von dort kann man mit einem Bemo zurückfahren. Oder man bleibt für ein, zwei Nächte in den einfachen, hübschen **Puri Lumbung Cottages** (▶ S. 94), in deren Garten auf einem Lehrpfad von Kakao über Kaffee bis Nelken alle exotischen Nutzpflanzen der Gegend gezeigt werden. Die Bergwelt um Munduk steht unter Naturschutz.

20 km südll von Lovina

ÜBERNACHTEN

🌿 **Puri Lumbung Cottages**   📖 C 3
Sanfter Tourismus • 12 km von der Nordküste, hoch über dem Meer und mit atemberaubenden Panoramablicken, liegt das kleine Dorf Munduk. Vor einigen Jahren wurde hier mit Unterstützung des Goetheinstituts

ein mittlerweile weit gerühmtes Konzept für einen sanften, natur- und kulturerhaltenden Tourismus umgesetzt. Viele der Familien aus dem Dorf beteiligen sich am Projekt, finden hier Arbeit und sind stolz, den Besuchern die traditionelle balinesische Lebensweise nahebringen zu können. Der Luxus des Einfachen ist Trumpf. Historische Reissspeicher, restauriert und zu komfortablen Cottages umgebaut, geben dem Gast das Gefühl, ganz weit weg zu sein vom Trubel des Massentourismus. Pools, Klimaanlagen und westlichen Schick sucht man vergebens. Das sanfte Rauschen des Flusses auf dem Gelände, die wundervollen Reisterrassen und ein traditionelles Spa entschädigen für alles.

Wer so viel Ruhe nicht verträgt, kann auf spannende Erkundungstouren setzen: Eine ganze Palette von ausgewählten Trekking-Touren wird geboten. Sie führen durch den Regenwald, an reizvollen Flussufern entlang oder durch Felder und Plantagen, dorthin, wo noch traditionell angebaut und gewirtschaftet wird.

Wie das Geerntete auf den Tisch kommt, das lernt man später von den Einheimischen beim Bali-Kochkurs. Und selbstverständlich rangiert auch in der Küche Qualität vor Massenware. Wer lieber die Geheimnisse der Naturmedizin, traditionelle Tänze, Musik oder Yoga entdecken möchte, wird ebenfalls bestens bedient.

Puri Lumbung hat ein Zeichen gesetzt und gilt mittlerweile als Vorreiter für eine nachhaltige Entwicklung, die die Schönheit und die Traditionen der Insel bewahren will. Vor allem Reisende aus Europa wissen das zu schätzen.

Munduk • Tel. 0 81/23 87 40 42 • www. purilumbung.com • 16 Zimmer • €€€

Schön und ruhig liegt der Lake Buyan (▶ S. 94) inmitten einsamer Wälder im stillen und natürlichen Norden der Insel. Die Gegend steht unter Naturschutz.

Der Westen

Der Westen ist recht dünn besiedelt und der touristisch
am wenigsten erschlossene Teil der Insel. Hier trifft man
mancherorts noch auf das Bali vor dem Massentourismus.

◄ Ben Hur auf Bali: Negara (▶ S. 97) ist bekannt für seine unterhaltsamen Wagenrennen mit Wasserbüffeln.

Der Norden
Der Westen
Zentralbali   Der Osten
Der Süden

Touristisch ist der Westen noch kaum erschlossen. Lediglich im Norden um Pemuteran ist in den letzten Jahren eine touristische Infrastruktur entstanden. Die Küstenstraße von Denpasar nach Gilimanuk schlängelt sich durch eine landschaftlich schöne Gegend. Reisfelder wechseln sich mit Weiden ab, und manchmal fährt man am Meer entlang. Achtung: Baden ist hier sehr gefährlich!

Von Denpasar nach Negara sind es etwa 90 km. Es lohnt sich besonders auf dem letzten Drittel der Strecke Richtung Gilimanuk, kleine Abstecher in die Bergregion zu unternehmen. Ein Ausflug in diesen Landesteil ist vor allem dann interessant, wenn man den **Nationalpark** und die schönen einsamen Strände kennenlernen möchte.

Negara
    📖 A 3

30 000 Einwohner

Negara ist die einzige größere Stadt in Westbali. Man kann sie gut als Ausgangspunkt nehmen, wenn man den Westen der Insel näher erforschen will – eine typisch balinesische Kleinstadt mit Motorenlärm, kleinen Läden, Warungs und einem Pasar (Markt).

SEHENSWERTES
Makepung (Büffelrennen)

An den Wochenenden zwischen Juli und November finden etwas außerhalb von Negara in Perancak die überaus beliebten Wasserbüffelrennen statt. Den für das Rennen auserwählten Tieren bleibt die tägliche

Fron auf den Feldern erspart – sie werden bei reichlichem Futter und guter Pflege auf ihren großen Tag vorbereitet. Jeweils zwei schön geschmückte Büffel ziehen einen Karren. Die »Jockeys« bewältigen die 2 km lange Rennstrecke mühelos im Stehen und zerren dabei kräftig an den Schwänzen der Tiere. Die zeigen nun, was in ihnen steckt – eine Volksbelustigung, die auch die Götter unterhalten und gütig stimmen soll, damit sie ihren Segen für die nächste Ernte geben.

Die genauen Veranstaltungstermine sind zu erfragen beim Bali Government Tourism Office in Denpasar oder in jedem Hotel.

Ziele in der Umgebung
◎ **Gunung Batukaru**   📖 D 3

Der Gunung Batukaru ist mit 2276 m der zweithöchste Berg Balis. An seinem Südhang befindet sich eine wichtige hinduistische Tempelanlage, der **Pura Luhur Batukaru**, wo sich nach dem Feiertag Nyepi im März Tausende Gläubige zu Reinigungszeremonien treffen. Trotzdem ist er nicht halb so bekannt wie sein großer Bruder Gunung Agung (▶ S. 79), Trekkingtouren auf wenig ausgetretenen Pfaden sind also noch gut möglich.

Die Sicht vom Berghang über die zum Teil jahrhundertealten Reisterrassen von Jatiluwih ist atemberaubend. Zwei sehr idyllisch gelegene

Lodges bieten sich als Basislager oder als Rückzugsort an: Das **Bali Mountain Retreat** (Tel. 0 82/83 60 26 45, www.balimountainretreat.com €€) wurde hauptsächlich aus Recyclingmaterialien erbaut, im schönen Garten wachsen Kaffee, Kakao, Vanille und Zimt. Jeden Monat gibt es traditionelle Musikabende. 100 m bergan befinden sich die drei gemütlichen Bungalows der **Sarinbuana Eco Lodge** (www.baliecolodge.com €€€). Im kleinen Restaurant wird mit fantastischer Aussicht mit Zutaten aus dem Biogarten gekocht.

◎ Medewi Beach   📖 B 4

Etwa auf halber Strecke zwischen Negara und dem Tanah Lot liegt dieser feinsandige Strand mit bester Brandung für Surfer, aber nicht ungefährlich zum Baden. Medewi ist ein ruhiger Ort, der eine Ahnung vermittelt, wie es auf Bali vor dem Einsetzen des Massentourismus gewesen sein muss.

30 km östl. von Negara

ÜBERNACHTEN

Gajah Mina Beach Resort   📖 C 4

Top-Lage • In der Nähe des bei Travellern beliebten Strandes Balina Beach liegt das Resort auf einem Kliff. Der Blick übers Meer ist grandios. Das Resort selbst bietet alles für ruhige Ferientage: Wellness, Restaurants und schöne Pools.

Suraberatan, Lalang Linggah, Selemadeg • Tel. 0 81/23 88 24 38 • www.gajahminaresort.com • €€€

◎ Taman Nasional Bali Barat (West Bali National Park)   📖 A–C 2/3

Affen, Nashornvögel, Stachel- und Wildschweine, Hirsche und seltene Vogelarten sind in diesem 80 000 ha großen Dschungelgebiet beheimatet. Die gesamte Gegend gehört zu den landschaftlich schönsten der Insel. Eine Hügelkette erstreckt sich von Osten bis zum äußersten Zipfel im Westen, dem Kap um den Gunung Prapat Agung nördlich von Gilimanuk. Um diese Halbinsel führt ein Wanderweg (unbedingt Proviant und genug Wasser mitnehmen!), für den man ca. 10 Stunden einplanen muss. Auch die Insel **Menjangan** ⭐ gehört zu dem Nationalpark. Ohne Erlaubnis darf man ihn nicht betreten. Diese holt man sich bei der Organisation **PPHA** (Directorate General of Forest Protection and Nature Conservation) in Cekik (Tel. 03 65/6 10 60, Mo–Do 8–14, Fr 8–11, Sa 8–12.30 Uhr) oder in Denpasar bei der PPHA, Jl. Suwung 40 (Tel. 03 65/6 10 60).

35 km nördl. von Negara

ÜBERNACHTEN

Shorea Beach Resort   📖 A 2

Öko-verträglich • Einziges Hotel im Nationalpark. Die kleine Anlage ist so gestaltet, dass man sie kaum wahrnimmt. Die luxuriösen Bungalows und Villen liegen am Meer und haben das Tauchgebiet der **Pulau Menjangan** ⭐ vor sich.

Tel. 0 82/8 97 00 60 79 • www.shoreabeachresort.com • 14 Bungalows, 2 Villen • €€€€

◎ Tanjung Pengambengan   📖 A 3

Balis größter Fischereihafen liegt südlich von Negara. Die Fischerei ist eine wichtige Einnahmequelle auf Bali. Der Fang wird in den Fabriken vor Ort verarbeitet.

10 km südl. von Negara

Pemuteran   B 2

Pemuteran liegt am westlichen Zipfel der Nordküste. Der Strand ist dunkelsandig, aber die vorgelagerten Riffe bieten fantastische Korallengärten und farbenprächtige Fische. Hierher kommen Reisende, die Ruhe und traditionelle balinesische Lebensweise suchen.

Seit 2000 arbeitet die **Global Coral Reef Alliance** im Dorf und initiierte das mit 2 ha größte Riff-Projekt der Welt. Unter leichtem Strom gehaltene Stahlgerüste im Meer reizen das Wachstum der Korallen und sorgen so dafür, dass wieder Leben ins Riff zurückkehrt. Ein international bestauntes und vielfach ausgezeichnetes Modell.

Die Resorts in Pemuteran teilen die Bucht mit den Fischern. Romantisch? Ja, aber man wird sich auch bewusst, unter welch kargen und ärmlichen Bedingungen die Einheimischen ihr Leben fristen.

ÜBERNACHTEN

Taman Sari Bali Cottages

Besonders ruhig • In einer kleinen Bucht fügt sich die Anlage wunderbar in die Natur. Absolute Ruhe, Pool, Strandrestaurant mit thailändischer und indonesischer Küche. Tauchangebote.
Tel. 03 62/9 32 64 • www.balitaman sari.com • 21 Bungalows • €€€

Taman Selini

Himmlisch • Sehr schöne Bungalows mit Daybeds auf der Veranda direkt am Meer! Im offenen Restaurant wird indonesisch-internationale Küche serviert. Großer Pool mit Blick auf die Vulkanberge.
Tel. 03 62/9 47 46 • www.taman selini.com • €€€

Ziele in der Umgebung
◎ **Pulau Menjangan** 9   A 2

Vor der Nordwestspitze Balis findet man die besten Tauch- und Schnorchelmöglichkeiten der ganzen Inseln. Die kleine Insel Menjangan und ihr intaktes Korallenriff gehört zum festen Tourenprogramm für Taucher und Schorchler. Auf der Insel gibt es keine Übernachtungsmöglichkeiten. Ausflüge hierher bucht man am besten über ein Hotel in Lovina oder Pemuteran.

40 km westl. von Pemuteran

10 MERIAN Tipp

MATAHARI BEACH RESORT   B 2

Der Geheimtipp schlechthin für Taucher, denn als einziges Hotel darf es das Unterwasserparadies vor der Inseln Menjangan direkt anfahren. Auf die Teller der Gäste kommt nur Biogemüse von der eigenen Farm. Traumhafter Spa-Bereich.   ▶ S. 17

◎ **Pura Pulaki**   B 2

Auf dem Weg von Lovina nach Westen steht dieser Nationaltempel. Hier soll der Hindupriester Nirartha mit seiner Tochter Ida Ayu Swabhawa gelandet sein, um den Inselregenten Dewa Agung zu besuchen. Dieser verliebte sich sofort in das schöne Mädchen, das ihn aber als Brahmanin nicht heiraten durfte. Deshalb floh sie mit ihrem Vater nach Pulaki. Aus Angst vor dem Zorn des Herrschers soll Nirartha daraufhin die gesamte Bevölkerung von Pulaki unsichtbar gemacht haben. Dieses unsichtbare Volk soll noch heute die Gefolgschaft der Göttin Melanting bilden.

5 km östl. von Pemuteran

Das Reisdreschen wird meist von Hand erledigt. Dabei entsteht Roh-Reis, der noch von Spelzen gereinigt wird, bevor er in den Handel kommt.

Touren und Ausflüge

Balis Vielfalt ermöglicht spannende und abwechslungsreiche Touren für jeden Geschmack und Geldbeutel – mit dem Auto oder Bemo, per Schiff oder zu Fuß.

Zu den Tempelheiligtümern im Süden – Durch eine mediterrane Landschaft

Charakteristik: Autofahrt mit Panoramablicken und Spaziergängen **Länge:** etwa 30 km **Dauer:** Halbtagesausflug **Einkehrtipps:** Puri Bambu, Jimbaran/Kedonganan, Jl. Pengeracikan, Tel. 03 61/70 13 77 €–€€

📖 D/E 5/6

Der Pura Luhur Uluwatu (▸ MERIAN TopTen, S. 62) ist über 1000 Jahre alt.

Drei Tempel auf dem äußersten Zipfel der Insel Bukit Badung stehen in enger zeremonieller Verbindung: Pura Ulun Siwi, Pura Pererepan und Pura Luhur Uluwatu.

Kuta/Sanur ▸ Jimbaran

Von **Kuta** oder **Sanur** kommend, lässt man die Straße zum Flughafen sowie die Wegweiser nach Nusa Dua rechter Hand liegen und gelangt in den kleinen Ort **Jimbaran**. An der Hauptstraße, Jl. Uluwatu, steht auf der rechten Seite der **Pura Ulun Siwi**. Dieser Tempel aus dem 11. Jh. ist das Haupt aller Subak-Tempel und wird von den Reisbauern bei Missernten aufgesucht. Hier werden bedeutende Masken aufbewahrt, die über besondere magische Kräfte verfügen. Es ist das ewige Spiel zwischen Gut und Böse, das die Masken von Rangda, Barong, Jauk und anderen repräsentieren. Wer Glück hat, kann erleben, wie diese bei den Zeremonien eingesetzt werden. Nicht selten geraten die Tänzer in tiefe Trancezustände.

Jimbaran ▸ Pecatu

Nach der fruchtbaren grünen Landschaft der Reisterrassen, die man mit Jimbaran verlassen hat, durchfährt man nun ein karges Hügelland mit der Vegetation der Steppe auf dem Kalkplateau.

Über Simpangan gelangt man nach **Pecatu**. Hier befindet sich der **Pura Pererepan** (Jl. Raya Uluwatu). Anschließend führt die Fahrt weiter zum **Pura Luhur Uluwatu** ⭐, der in dramatischer Lage hoch über dem Meer thront. Er gehört zu den sechs heiligsten Tempeln der Insel und steht in enger zeremonieller Verbindung zu den vorher gesehenen Heiligtümern auf der Halbinsel. Das Innere des Tempels bleibt seit Kurzem Touristen verschlossen, aber ein Spaziergang direkt an den Klippen bis zu einem Aussichtspunkt lohnt die Fahrt allemal. Achtung: Es gibt hier freche Affen!

In den Westen der Insel – Malerische Reisterrassen und lebhafte Marktflecken

Charakteristik: Autofahrt durch Traumlandschaft **Länge:** ca. 160 km **Dauer:** Tagesausflug **Einkehrtipp:** Cempaka Belimbing Villas, Br. Suradadi, Pupuan, Tel. 0 85/33 70 42 34 €€€

D 5

Man folgt der Straße von **Denpasar** nach Negara über Tabanan bis zu dem Dorf **Antosari**. Dort biegt man nach rechts in Richtung **Pupuan** ab. Die relativ gut ausgebaute Straße windet sich durch eine Landschaft voll malerischer Reisterrassen, Singkong-Felder und Gemüsegärten hinauf zu dem kühleren, oft nebelverhangenen Grat des zentralen Vulkanrückens. Unterwegs erreicht man Punkte, an denen man nach Süden freie Sicht auf den glitzernden Indischen Ozean, nach Norden auf die Bali-See hat. Rechts erhebt sich die eindrucksvolle Kulisse des **Gunung Batukaru** (2276 m), des zweithöchsten Berges der Insel. Nicht so bekannt wie sein großer Bruder, der Gunung Agung, hat der Vulkan eine mystische Ausstrahlung. Wer hier ein paar Tage verbringen will, findet Unterkunft in zwei schönen Lodges (▸ S. 98). Die Reisterrassen in diesem Teil Balis sind fast noch schöner als die um Ubud, und man hat sie praktisch ganz für sich. Nur wenige Fahrzeuge und so gut wie keine Touristen sind hier unterwegs.

Wenn man in einem der zahlreichen Dörfer am Wegrand Rast macht oder einen kurzen Spaziergang durch die Reisfelder unternimmt, zieht man sofort das Interesse des ganzen Dorfes auf sich. Überall begegnet einem freundliche Gesichter und immer wieder dieselbe Frage: »Dari mana? Ke mana?« (Woher kommen Sie? Wohin fahren Sie?)

Pupuan ▸ Pengragoan

In Pupuan, etwa 30 km hinter Antosari, ist der höchste Punkt des Ausflugs erreicht. Nun fährt man entweder weiter zur Nordküste nach **Pengastulan/Seririt**, einem lebhaften Marktflecken, oder man biegt nach links ab und folgt dem Weg nach Westen. Diese Straße liegt auf einer Höhe von zunächst etwa 800 m. Hier wachsen Kaffee, Gewürznelken und Gemüse. Nach rechts schweift der Blick in den **West Bali National Park** mit seiner Wildnis aus Gebirge und Regenwald. Wolkenfetzen fangen sich in eingeschnittenen Schluchten, Baumriesen ragen in den verhangenen Himmel. Eine Szenerie, die stark an chinesische Tuschemalereien erinnert. Bei **Pengragoan** erreicht man wieder die Küstenstraße, die man bei Antosari verlassen hat.

Pengragoan ▸ Denpasar

Nach **Negara** sind es noch etwa 30 km. Die Stadt hat außer den im Sommer stattfindenden Büffelrennen, einer beliebten Volksbelustigung, keine Besonderheiten zu bieten. Kehren wir also nach **Denpasar** zurück und genießen zum Abschluss in der Spätnachmittagssonne die 20 km lange Küstenlinie, die Reisfelder, Klippen und Kokospalmen.

Von Ubud durch die Dörfer am River Ayung zum Green Village

Charakteristik: Fahrradtour durch die schönsten Landschaften nördlich von Ubud

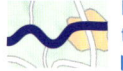 **Länge:** 30 km **Dauer:** 5 Std. mit Einkehr/Besichtigungen **Einkehrtipp:** Green Village Restaurant, www.greenvillagebali.com €€€
📖 D 4

Von Ubud geht es auf der Jalan Raya Richtung Penestanan. Nach einem kurzen Stück, etwa auf der Höhe der Brücke, wechselt man auf die kleinen Wege durch die Dörfer – »Kampungs« – am **River Ayung**.

Ubud ▸ Mambal

Sofort ändert sich der Rhythmus. Ein Großteil des Lebens spielt sich noch auf der Straße ab. An jeder Ecke wartet ein Stand mit Snacks, Obst und Getränken. Hier sitzen die Einheimischen gern auf den schlichten Holzbänken, trinken Tee oder machen ihre Einkäufe. Wer an einem der Mini-Warungs eine Pause einlegt, kommt schnell in Kontakt.

Mambal ▸ Green Village

Nach ca. 1 Stunde ist bereits **Mambal** erreicht. Ein zweites Frühstück in der spektakulären Bambus-Architektur des Hotels Five Elements bietet sich hier an. Oder es geht gleich mitten hinein in die Landschaft der Reisfelder. Die nächste Etappe ist **Sibeng Gede**. Auf dem Weg dorthin liegt noch die Schokoladenfabrik Big Tree, wo Führungen und Verkostungen angeboten werden. Alles stammt aus der biologischen Kakaoproduktion und wird vor allem Freunde von Bitterstoffen glücklich machen.

Ein paar hundert Meter hinter der Schokoladenfabrik liegt der Eingang zum ungewöhnlichen Campus der **Green School** (▸ S. 65), die täglich besichtigt werden kann. Vielleicht planen Sie sich das aber besser für einen anderen Tag ein. Denn für die Tour durch das Green Village braucht es ein bisschen Muße, erstmal muss sich das Auge an die Wunderwerke der Baukunst gewöhnen. Spitzenarchitekten aus aller Welt zeigen hier, was der Bambus hergeben kann: Nicht nur die Häuser selbst, jedes Detail ist aus dem schnell wachsenden Süßgras gefertigt – ungeahnte Formen, Vielfalt und Kreativität sind Trumpf. Auf dem Weg ins Restaurant des Green Village kann man schon einiges entdecken. Noch mehr, wenn man sich zu einer (kostenpflichtigen) Tour anmeldet. Aber allein das Restaurant ist die gesamte Tour wert. Beim Mittagessen kann man die Bambus-Konstruktionen in aller Ruhe studieren, selbst der Gang in die Waschräume wird zum Erlebnis. Nach dem Besuch im Green Village geht es dann nonstop nach Ubud zurück. Am besten ist es, die gesamte Tour mit einem Führer zu machen. Wer auf eigene Faust planen will, braucht unbedingt ein GPS-fähiges Endgerät mit OpenStreet-Map. Die beste Hilfe bei der Planung für eine Tour mit einem eBike bekommen Sie bei Ladybamboo (▸ S. 70). Die Kosten für einen solchen Ausflug liegen bei etwa 50 € inkl. Lunch.

Von Klungkung zum Pura Besakih ⭐ – Eine der schönsten Straßen Balis

Charakteristik: Autotour, die fahrerisches Geschick und Konzentration erfordert, außerdem netter Spaziergang zum Besakih **Länge:** 40–50 km **Dauer:** Tagesausflug **Einkehrtipp:** Teras Bali, Sidemen. Gehört zum schönen Samanvaya Hotel €€

📖 E 4–3

Die Straße zum **Pura Besakih**, der heiligsten und wichtigsten Tempelanlage der Balinesen, führt durch eine idyllische Reisterrassenlandschaft, die schon die Maler Walter Spies und Theo Meier zu schätzen wussten. Von **Klungkung** fährt man ostwärts bis **Paksebali** (Schirm- und Tempelzubehörläden am Straßenrand), dort biegt man links ab. Die Straße führt durch **Sidemen** – und wenn man die steilen Steinstufen erklimmt, hat man einen herrlichen Blick bis zum Meer. In Sidemen werden außerdem handgewebte Stoffe hergestellt – teilweise mit wunderschönen Designs –, und man kann zusehen, wie sie gewebt oder gefärbt werden.

Im Nachbarort **Iseh**, einem sehr pittoresken Dorf, lebte in den Dreißigerjahren der Maler Walter Spies, der sich hierher zurückzog, wenn er Ruhe brauchte. Später, in den Fünfzigerjahren, wohnte in dem Haus der Schweizer Maler Theo Meier.

Sidemen ▸ Besakih

Die schmale Straße führt von der Küste weg durch Bambuswälder und sattgrüne Reisterrassen, an unberührten Dörfern vorbei in die Berge. Parallel zur Straße schlängelt sich streckenweise ein Fluss; Tempel säumen den Wegrand – eine der schönsten Straßen Balis!

Der Muttertempel Pura Besakih (▸ S. 84) ist eine Kultstätte aus dem 11. Jh.

Über **Selat** und **Rendang** führt der Weg weiter zum Tempelareal von **Besakih** ⭐. Vom Parkplatz bis zum Haupttempel muss man eine ganze Strecke laufen. Also gute Schuhe mitbringen!

Rendang ▸ Klungkung

Auf dem Rückweg empfiehlt sich die Strecke über Rendang, Nongan, Saren nach Klungkung. Auch diese wunderschöne Straße führt durch Reisterrassen.

Von Lovina zum Lake Tamblingan – Wanderung mit atemberaubenden Ausblicken

Charakteristik: Kurze Bemofahrt und gemütliche Wanderung, per Bemo (Kleinlaster) zurück **Länge:** etwa 10 km zu Fuß **Dauer:** 3–4 Std. **Einkehrtipp:** Don

 Biyu, traditioneller Hof, auch Gästezimmer, Jl. Raya Munduk, Munduk village, Tel. 08 12/37 09 39 49, www.donbiyu.com €

C/D 2/3

Gewürznelken werden im Norden Balis angebaut und gerne verwendet.

Diese Wanderung ist gut von **Lovina** oder **Singaraja** aus zu unternehmen. Fahren Sie von Singaraja mit dem Bemo auf der Hauptstraße Richtung Süden. Etwa nach 20 km zweigt rechts eine Straße nach **Munduk** ab. Hier steigen Sie aus. Nun geht es zu Fuß weiter.

Tamblingan-See ▸ Munduk

Der Weg geht zuerst bergauf auf den Kraterrand des **Lake Buyan** und dann weiter zum **Lake Tamblingan**. Die kaum befahrene Straße führt an kleinen Dörfern vorbei durch einen lichten Wald. Nur selten verirren sich Touristen hierher, und auf dem Weg werden Sie ausreichend Gelegenheit haben, mit den Dorfbewohnern in Kontakt zu kommen.

Ab und zu treffen Sie vielleicht auf ein paar herumtollende Affen. Ansonsten genießen Sie die Natur: Der Blick auf den See und die Hügelketten ist atemberaubend.

Folgen Sie der Straße durch die von Kaffee- und Gewürznelkenplantagen geprägte Landschaft bis Munduk. Dort besaßen bereits die Holländer einige Ferienhäuser, um sich in dem angenehm milden Klima von der Hitze Singarajas zu erholen. Vor einigen Jahren wurde hier mit Unterstützung des Goetheinstituts ein Konzept für natur- und kulturerhaltenden Tourismus umgesetzt. Die Bewohner von Munduk finden dort Arbeit und bringen Besuchern gern die traditionelle balinesische Lebensweise nahe.

Munduk ▸ Singaraja

Von hier aus nehmen Sie am besten ein Bemo Richtung Singaraja. Ein Tipp: Sie können auch mit dem Fahrer, der Sie von Singaraja bis zur Kreuzung gefahren hat, abmachen, Sie einige Stunden später in Munduk abzuholen und nach Singaraja zurückzubringen.

Nusa Lembongan – Bootstour zur beliebten Mangroveninsel

Charakteristik: Bootsfahrt zur kleinen vorgelagerten Insel Nusa Lembongan mit ihren traumhaften Stränden **Dauer:** 1–2 Tage **Einkehrtipp:** Surfer Café Bar, Beachbar in Jungutbatu €

 E 5

Das Mini-Eiland der Nusa-Inseln ist inzwischen bequem von Sanur oder Benoa aus zu erreichen. Die Boote landen im lebhaften **Jungutbatu**. Lohnenswert und entspannt sind Wanderungen entlang der abwechslungsreichen Küste Richtung Südwesten und **Coconut-Bay**. Im Coconut Beach Club finden Sie die berühmte Ocean View Bar, die ihrem Namen alle Ehre macht. Nach einem Stopp folgt man dem Küstenpfad bis zur **Mushroom Bay**, einer der traumhaft schönen Buchten auf der Insel. Auf dem Weg zur nächsten Bucht geht es ein kleines Stück landeinwärts, dann aber direkt zu einem der aufregendsten Abschnitte der Steilküste: Folgen Sie dem Schild in Richtung **3**, dann können Sie hoch über dem Meer die Brandung aus sicherer Entfernung bewundern. Einige Hundert Meter weiter zeigt dann ein Wegweiser in Richtung **Lembongan**, dem Hauptort der Insel. Von dort geht es dann direkt zurück nach Jungut Batu, dem Ausgangspunkt der Tour.

Die Bezeichnung Mushroom Bay (▶ S. 107) geht auf die Pilzkorallen zurück, die vor dem Traumstrand auf Nusa Lembongan im seichten Wasser leben.

Die intensiv duftenden Blüten der Frangipani-Bäume werden als Tempelblumen verehrt und bei vielen Zeremonien und Festen verwendet.

Wissenswertes über **Bali**

Nützliche Informationen für einen gelungenen Aufenthalt: Fakten
über Land, Leute und Geschichte sowie Reisepraktisches von A bis Z.

Auf einen Blick

Mehr erfahren über Bali – Informationen über Land und Leute, von Bevölkerung über Lage und Geografie zu Politik und Religion bis Wirtschaft.

Amtssprache: Indonesisch
Einwohner: 4 Mio.
Fläche: 5600 km²
Größte Stadt: Denpasar,
700 000 Einwohner
Internet: www.bali-tourism-board.com
Religion: Fast 95 % Hindus, die Übrigen sind Muslime und Christen
Währung: Indonesische Rupiah

Bevölkerung

Bali hat über 4 Mio. Einwohner und eine Bevölkerungsdichte von 750 Einwohnern pro km². Indonesien ist überbevölkert, die Konzentration ist auf Java und Bali am höchsten.
Wie im indischen Hinduismus gibt es auch auf Bali ein Kastensystem. Welcher Kaste jemand angehört, erkennt man am Titel, der dem Namen vorangestellt wird. Die oberste Kaste stellen die Priester, die Brahmanen. Ihr Titel ist bei Männern Ida Bagus, bei Frauen Ida Ayu. Nach den Priestern folgen die Satrias, Angehörige der gehobenen Aristokratie. Ihre Titel: (bei Männern) Anak Agung, Ratu, Cokorde; (bei Frauen) Anak Agung Isti, Dewa Ayu. Die dritte Kaste stellen die Wesias, der Tradition nach Händler und Krieger. Ihre Titel: I Gusti oder Pregusti bzw. I Gusti Ayu. 90 bis 95 % der Balinesen sind Sudras; sie gehören der niedrigsten Kaste an. Zwar wird das Kastensystem auf Bali nicht so streng gehandhabt wie in In-

◄ Geruhsam verläuft ein Tag bei einer oder mehreren Partien Schach.

dien, jedoch ist eine Heirat zwischen Angehörigen verschiedener Kasten immer noch ungewöhnlich.

Lage und Geografie

Bali ist eine der 17 500 Inseln des indonesischen Archipels. Sie ist die westlichste der Kleinen Sundainseln und liegt im Indischen Ozean: Eine Meerenge trennt Bali von Java im Westen; im Osten von Bali liegt die Insel Lombok. Die Insel liegt 8 Grad südlich des Äquators.

Politik

Nach der Verfassung ist Indonesien eine zentralistisch geführte Präsidialrepublik. Die theoretische Staatsgrundlage ist die **Pancasila** (fünf moralische Grundprinzipien): Glaube an den allmächtigen und alleinigen Gott, Humanität in Gerechtigkeit und Zivilisation, Nationalismus und Einheit, soziale Gerechtigkeit und Demokratie, die auf dem Prinzip der harmonischen Entscheidungsfindung basiert.

Die Demokratie ist nicht zu vergleichen mit den Demokratien westlicher Prägung. Es ist eine sogenannte »Gelenkte Demokratie«: autoritär, bürokratisch und korrupt. Die Macht liegt allein bei dem Präsidenten. Staatsoberhaupt, Regierungschef und Oberbefehlshaber der Armee zugleich war bis zum Mai 1998 General Suharto. Seit 1967 war er amtierender Präsident und wurde alle fünf Jahre im Amt bestätigt.

Im Mai 1998 musste er abtreten. Jahrzehnte hatte er sein autokratisches Amt legitimiert, indem er Wohlstand für alle verhieß. Aber 1998 brachen massive Proteste aus, in denen sich die angestaute politische Unzufriedenheit entlud. Bei den Neuwahlen 1999 siegte die Reformbewegung. Abdulrahman Wahid wurde neuer Präsident. Seither hat es einige Wechsel gegeben. 2014 wurde der überaus populäre Joko Widodo Präsident. Bali ist eine der 27 Provinzen Indonesiens.

Religion

Im islamisch geprägten Indonesien ist Bali die einzige Ausnahme: Die Balinesen leben nach dem Hindu-Dharma-Glauben und befinden sich deshalb in ständigem Kontakt mit den Göttern. Es gibt drei Hauptgottheiten: Brahma, den Schöpfer, Vishnu, den Bewahrer, und Shiva, den Zerstörer. Daneben gibt es eine Vielzahl von untergeordneten Gottheiten für Berge, Flüsse und Naturphänomene. Auf Bali bestimmt der Glaube das Leben der Menschen in allen Bereichen.

Wirtschaft

Indonesien besitzt einen immensen Reichtum an Rohstoffen, dennoch gilt es als Entwicklungsland. Unter der Krise 1998 hat das Land wirtschaftlich schwer gelitten. Die Preise für Grundnahrungsmittel haben sich seit 1998 verdreifacht, die Inflation hat 100 % erreicht, die Industrieproduktion ist um 90 % gesunken. Die Hauptwirtschaftszweige Balis sind der Tourismus und die Landwirtschaft. Die fruchtbaren Böden im Süden erlauben bis zu drei Reisernten pro Jahr. In höheren, kühleren Lagen im Norden werden Kaffee, Tabak und Nelken angebaut. An der Küste wird neben dem Fischfang Salz gewonnen.

Geschichte

1500 v. Chr.
Vom asiatischen Festland kommen Austronesisch sprechende Einwanderer nach Bali. Ackerbau- und Töpferkultur.

1000–500 v. Chr.
Das komplizierte Bewässerungssystem für den Reisanbau entsteht. Bearbeitung von Bronze. Züchtung von Haustieren.

Christi Geburt–700
Indischer Einfluss durch Kaufleute, dadurch Ausbreitung des Hinduismus, der mit dem Animismus der balinesischen Urbevölkerung verschmilzt.

Ab 1019
Erlangga herrscht über Bali. Er heiratet eine javanische Prinzessin und wird König von Ostjava.

1049
Erlangga zieht sich zurück. In der Folgezeit regiert sein jüngster Bruder ein unabhängiges Bali.

1100
Beginn des islamischen Einflusses in Indonesien.

12. Jh.
Java gerät in politische Schwierigkeiten, die Bali vorübergehend wieder die Unabhängigkeit bringen.

1292–1520
Reich von Majapahit auf Java.

Ab 1400
Zerfall des hinduistischen Königreiches auf Java. Der Sohn des letzten Majapahit-Königs lässt sich mit der künstlerischen und geistigen Elite in Südbali nieder. Dort gründet er die Gelgel-Dynastie, nennt sich Dewa Agung (Gott des heiligen Berges) und teilt die Insel in acht Königreiche auf. Die Herrscher nennen sich nun Rajah.

1597
Die ersten Holländer landen auf Bali.

16. Jh.
Portugiesen und Spanier entdecken Bali. Ihnen folgen Engländer und Holländer.

1686
Die Gelgel-Dynastie verlegt ihren Sitz nach Klungkung. Die Rajahs werden unabhängig, erkennen aber den Dewa Agung an.

1846
Holländischer Überfall auf Bali. Nach vielen Kämpfen gelingt es den Holländern, den Norden zu erobern.

Ab 1855
Holländischer Resident in Singaraja.

Ab 1882
Holländische Verwaltung für Nordbali; in Süd- und Zentralbali gibt es Auseinandersetzungen unter den Fürsten.

1906
Puputan (ehrenvoller Tod im Kampf) der Höfe von Badung und Tabanan, d. h., der Rajah entschließt sich, mit seinem Gefolge lieber ehrenhaft im Kampf zu sterben, als sich zu ergeben.

1908
Puputan in Klungkung.

Ab 1913
Bali gilt als kolonialisiert; die Rajahs haben keine Macht mehr.

Ab 1930
Einige Künstler aus Europa und Amerika kommen nach Bali, um Kunst und traditionelle Lebensweise der Balinesen zu studieren (Rudolf Bonnet, Miguel Covarrubias, Walter Spies).

1942–1945
Japanische Okkupation.

17.8.1945
Indonesische Unabhängigkeitserklärung, proklamiert durch Achmed Sukarno. Die Holländer besetzen große Teile Balis. Ein dreijähriger Unabhängigkeitskampf schließt sich an.

27.12.1949
Die Niederlande verzichten auf ihre Souveränitätsrechte über Indonesien. Sukarno wird als Präsident bestätigt.

1955
Die ersten freien Wahlen machen Sukarno zum demokratisch legitimierten Präsidenten.

1959
Denpasar löst Singaraja als Hauptstadt ab.

1965
Politische Unruhen auf Java.

Ab 1966
General Suharto übernimmt die Macht. Er herrscht mithilfe der Golkar-Partei und der Armee.

1998
Absetzung Suhartos nach schweren Unruhen. Wirtschaftskrise.

2002
Am 12.10. sterben bei einem Terroranschlag in Kuta 202 Menschen.

2014
Joko Widodo wird siebter Präsident der Republik Indonesien.

2017
Das World Ocean Council tagt zum Thema Nachhaltigkeit; gleichzeitig protestieren Tausende Balinesen gegen künstliche Landgewinnung.

Reisepraktisches von A–Z

ANREISE

MIT DEM FLUGZEUG

Zahlreiche internationale Flugge-
sellschaften fliegen den balinesischen Flughafen **Ngurah Rai** in
Denpasar an. Wer mit Garuda fliegt,
bekommt Inlandsflüge zu günstigen
Konditionen. Die Entfernung nach
Bali beträgt ca. 13 000 km und die
Flugzeit zwischen 14 und 18 Stunden.
Einige Airlines bieten interessante
Stopover-Programme (z. B. mit Zwi-
schenstopps in Singapur, Bangkok
oder Hongkong) an. Ein Economy-
Ticket kostet zwischen 700 und
1200 €, je nach Jahreszeit und Flug-
linie.

Vom Flughafen sind es nach Kuta
5 km, nach Sanur 10 km, nach Denpasar 13 km, nach Nusa Dua 15 km
und nach Ubud 35 km.

Auf www.atmosfair.de und www.
myclimate.org kann jeder Reisende
durch eine Spende für Klimaschutz-
projekte für die CO_2-Emission seines
Fluges aufkommen.

MIT DEM BUS

Von Jakarta gelangt man mit einem
Express-Bus nach Bali. Der Bus setzt
mit der Fähre über, kommt im Westen der Insel in Gilimanuk an und
fährt weiter nach Denpasar. Die
Fahrt dauert mit der Fährüberfahrt
ca. 30 Std. Vom Busterminal kann
man per Kleinbus weiterfahren.

VOM FLUGHAFEN ZUM URLAUBSORT

Die Gäste großer Hotels und Pau-
schaltouristen werden abgeholt. Ein
Taxi bestellt und bezahlt man an ei-
nem Schalter vor dem Ausgang, dem
Fahrer wird der Beleg übergeben.
Die Preise sind festgelegt.

ABREISE

Im neuen Flughafen ist zu jeder Zeit
viel los. Planen Sie genug Zeit ein. Es
kann immer zu unvorhergesehenen
Verzögerungen kommen.

AUSKUNFT

Indonesisches Tourismus Büro
c/o mk Advertising Travel • Goethe-
str. 66, 80336 München • Tel. 0 89/
59 04 39 06 • www.tourismus-
indonesien.de

BUCHTIPPS

Vicki Baum: Liebe und Tod auf Bali
(KiWi TB) Der 1937 entstandene
Roman spielt 1904 bis 1906 auf Bali.
Gefühle unter Palmen der österrei-
chischen Weltenbummlerin. Und
dazu ein Einblick in das balinesische
Leben.

**Miguel Covarrubias: The Island of
Bali** (Periplus Classic TB, 2008) Der
mexikanische Maler Covarrubias
machte durch sein Buch die Jetset-
Welt der 30er-Jahre auf Bali auf-
merksam. Einblick in das Leben und
die Kultur auf der Insel jener Jahre.

**Okky Madasari: Gebunden: Stim-
men der Trommel** (Sujet Verlag,
2014) Die Handlung führt zwar
nicht nach Bali, gibt aber einen Eindruck von den Lebensbedingungen
in Indonesien. Der Roman spielt
zunächst während der Zeit der soge-
nannten neuen Ordnung unter Dik-
tator Suharto und im letzten Drittel
nach dessen Sturz in der jungen Demokratie in Indonesien.

Oka Rusmini: Erdentanz (Horle-
mann, 2007) Die Geschichte balinesischer Frauen über vier Generationen. Ein Porträt der gesellschaftlichen
Verhältnisse und des Kastensystems,

eindringlich erzählt von einer Journalistin der »Bali Post«.

DIPLOMATISCHE VERTRETUNGEN
IN JAKARTA
Botschaft der Bundesrepublik Deutschland
Jl. M. H. Thamrin 1 • Tel. 0 21/39 85 50 00 • www.jakarta.diplo.de

Botschaft der Republik Österreich
Jl. Diponegoro 44 • Tel. 0 21/23 55 40 05 • www.austrian-embassy.or.id

Schweizer Botschaft
Jl. Rasuna Said, BLOK X 3/2 • Tel. 0 21/5 25 60 61 • www.eda.admin.ch/jakarta

AUF BALI
Honorarkonsulat der Bundesrepublik Deutschland   D 5
Jl. Pantai Karang 17, Sanur •
Tel. 03 61/28 85 35

Schweizer und Österreichisches Konsulat   ▸ Klappe hinten, c 3
Jl. Ganetri 9D, Gatsu Timur, Denpasar • Tel. 03 61/8 78 43 43 • www.eda.admin.ch/jakarta

DROGEN
Nach dem indonesischen Rauschgiftgesetz ist allein schon die Kenntnis vom Rauschgiftgebrauch anderer strafbar, wenn der Polizei keine Mitteilung gemacht wird. Der Besitz von Rauschgift wird mit sechs bis zehn Jahren Gefängnis und einer Geldstrafe belegt. Verkauf oder Einfuhr von Rauschgift wird drakonisch bestraft. Die angedrohte Todesstrafe wird vollstreckt, auch bei Ausländern. Man sollte also die Finger davon lassen.

EINREISE
VISUM
Deutsche, Österreicher und Schweizer können mit einem noch mindestens sechs Monate gültigen Reisepass einreisen. Kinder unter 16 Jahren benötigen einen Kinderreisepass bzw. einen Kinderausweis mit Lichtbild. Die Visabestimmungen sind seit 2015 für Touristen gelockert, für Geschäftsleute teilweise verschärft worden. Informieren Sie sich dazu auf den offiziellen Internetseiten Ihres Heimatlandes.

FEIERTAGE
Neben den beweglichen balinesischen Feiertagen gibt es festgelegte Feiertage für ganz Indonesien:
1. Januar Neujahr
21. April Kartini-Tag (Frauentag)
17. August Unabhängigkeitstag
1. Oktober Pancasila-Tag
5. Oktober Tag der Streitkräfte
25. Dezember Weihnachten

FESTE UND EVENTS
MÄRZ
Nyepi
Das balinesische Neujahrsfest wird im März gefeiert. Es richtet sich nach dem Saka- oder Mondkalender, der unserem Julianischen Kalender ähnlich ist. Nyepi beginnt immer in einer Neumondnacht im März. Um sie aus ihren Verstecken zu locken, werden den Dämonen aufwendige Opfergaben gebracht. Bei Anbruch der Dunkelheit sind alle Balinesen auf den Straßen. Geschrei, Gongs, Trommeln und Rasseln und Silvesterknaller sollen die bösen Geister vertreiben. Am nächsten Tag wird gefastet, und niemand darf das Haus verlassen (auch Touristen dürfen sich nur innerhalb des Hotelgelän-

des bewegen) oder Fahrzeuge fahren. Am Tag danach, wenn die Insel und ihre Bewohner vom Bösen befreit sind, beginnt das neue Jahr, und man macht Familienbesuche.

JUNI/JULI
Bali Arts Festival, Denpasar

Im Art Center (▸ S.55) findet jedes Jahr ein mehrwöchiges Kunstfestival statt. Hier werden alle für Bali typischen Künste gezeigt. Das Programm gibt es in der »Jakarta Post«. www.baliartsfestival.com, www.thejakartapost.com

Drachenfest, Padang Galak

Alljährlich findet in der Nähe von Sanur ein großer Drachenwettbewerb (Kite-Festival) statt.
1. Wochenende im Juli

Andere Feste sind bewegliche Anlässe, die sich meist nach dem balinesischen 210-Tage-Kalender richten. Ein »Calendar of Events« informiert über die Termine; es gibt ihn beim Bali Government Tourism Office. www.bali-events.com

BALINESISCHER KALENDER
Galungan

Das Tempelfest, dem zehn Tage später Kuningan folgt. Galungan fällt immer auf einen Mittwoch, Kuningan auf einen Samstag. Das Fest dauert zehn Tage und findet manchmal auch zweimal pro Jahr statt. Diesem Fest liegt ein Ereignis zugrunde, das sich vor über 1000 Jahren abspielte: Der Despot Maya Danawa verbot die Ausübung der Religion und die Verehrung der Ahnen. Das Volk besiegte den Tyrannen.
Die Balinesen glauben, dass am Galungan-Tag die Götter und die Seelen der Ahnen in die Tempel hinabsteigen. Deshalb werden ihnen aufwendige Opfergaben dargeboten. Die Gläubigen beten an den Familienschreinen und Tempeln, bringen Opfergaben auf die Reisfelder und unterhalten Götter und Ahnen mit Tänzen, Gamelan-Musik und Prozessionen. **Barongs**, riesige Monster mit Masken, die Gegenspieler des Bösen, laufen durch die Straßen. Sie tanzen bei zeremoniellen Reinigungen, und überall herrscht Feststimmung.

Hari Manis Kuningan, Serangan

Der Tag nach Kuningan; er wird mit aufwendigen Prozessionen zum **Sakenan-Tempel** auf der **Insel Serangan** begangen. Wer das Glück hat, gerade während dieser Feierlichkeiten auf Bali zu sein, sollte das Ereignis nicht versäumen.

⭐10 Odalan (Tempelfeste)

Das alljährliche »Geburtstagsfest« jedes Tempels. Gefeiert wird der Tag seiner Einweihung. Auch diese Feste finden im 210-Tage-Rhythmus statt. Sie sind das Hauptereignis der dörflichen Gemeinschaft. Am ersten Tag des dreitägigen Festes ziehen Frauen mit den Opfergaben zum Tempel, um sie vom Priester weihen zu lassen. Ein Teil der Opfergaben bleibt im Tempel, der Rest wird mit nach Hause genommen und an alle Familienmitglieder verteilt. Das Fest dient dem Empfang der Götter, der Reinigung des Dorfes und der Vertreibung der bösen Geister.

ZEREMONIEN
Mit den Göttern leben

»Die Erde gehört den Göttern; sie ist den Menschen nur zur Bearbeitung gegeben«, lautet eine balinesische

Überlieferung. Die Balinesen leben nach dem Hindu-Dharma-Glauben und befinden sich deshalb in ständigem Kontakt mit den Göttern. Der Wohnsitz der Götter wird auf den Bergen vermutet, die Dämonen lauern im Wasser.

Tempel sind die Treffpunkte von Menschen und Göttern. Jedes Haus auf Bali hat seinen eigenen Schrein, jedes Dorf hat mindestens drei Tempel. Der Haupttempel der Balinesen ist der **Pura Besakih**, der an den Hängen des Vulkans Gunung Agung liegt. Er ist Sanghyang Widi, der höchsten Gottheit der Balinesen, geweiht. Diese manifestiert sich in drei Hauptgottheiten: Brahma, dem Schöpfer, Vishnu, dem Bewahrer, und Shiva, dem Zerstörer. Daneben gibt es eine Vielzahl untergeordneter Götter. Die Balinesen beginnen den Tag mit einem Opfer: Es wird vor die Tür gestellt oder in den Familientempel gebracht. Dadurch wird das Böse gebannt und das Gute angezogen.

Viele Götter brauchen auch viele Gotteshäuser. Manche Tempel sind nur über eine kleine Brücke zu betreten, die zugleich Symbol für den Eintritt in eine andere Welt ist. Durch ein gespaltenes Tor, »candi bentar«, führen Stufen in diese Ansammlung unterschiedlich großer Holzpavillons und pagodenartiger Gebäude mit mehrstöckigen Palmstrohdächern. In den äußeren Tempelhöfen befinden sich offene Hallen, »bale«, sie dienen als Versammlungsräume. Auch ein Glockenturm mit dem »kulkul«, einem ausgehöhlten Baumstamm, der für Nachrichten rhythmisch geschlagen wird, steht hier. Durch ein weiteres Tor, flankiert von steinernen Wächterdämonen, betritt man das Innere des Tempels. Eine Mauer direkt hinter dem Durchgang soll die Dämonen verwirren.

Im inneren Hof, »dalam« genannt, vollziehen die Priester heilige Handlungen, und dort befinden sich auch die Heiligtümer: ein verzierter Schrein, in dem alte Schriften, Dolche oder edle Steine aufbewahrt werden. Hier wächst auch immer ein hoher Banyan-Baum, und eine meist elfstöckige Pagode, »meru«, dient als Sitz der balinesischen Götter.

Verbrennungszeremonie

Mit diesem Ritus schließt sich der Lebenskreislauf des Balinesen, und das wird ausgiebig gefeiert. Denn Traurigkeit und Tränen würden der Seele den Abschied erschweren. Am Tag der Verbrennung wird der Leichnam zum Verbrennungsturm gebracht. Der Turm ist, je nach Reichtum und Kastenherkunft des Toten, reich geschmückt.

Während der Prozession wird der Leichnam immer wieder in verschiedene Richtungen gedreht. Damit soll die Seele verwirrt werden, damit sie den Weg zurück in das Haus des Toten nicht findet. Denn die Seele ist erst durch die Loslösung vom Körper befreit. Wenn sie zum Himmel zurückgekehrt ist, kann sie in einer höheren Existenz wiedergeboren werden. Am Verbrennungsturm wird die Leiche in einen Sarkophag gelegt. In den Sarg werden Opfergaben und Adegan, menschenähnliche Figuren, gefertigt aus chinesischen Münzen, gelegt; so ist der Tote gut gerüstet. Nach Gebeten und Beschwörungen wird der Turm angezündet. Die Aschenreste der Leiche werden eingesammelt und zum nächsten Gewässer gebracht.

Begleitet wird die ganze Zeremonie von Musik und Tänzen; am Abend vorher finden Wayang-Aufführungen statt. Für Touristen gibt es vielerorts organisierte Fahrten zu den Zeremonien.

FKK

Nacktbaden ist auf Bali verboten, dennoch sieht man am Strand von Kuta viele Frauen ohne Bikini-Oberteil. Das ist nicht ausdrücklich untersagt, aber man zieht damit die Aufmerksamkeit der Balinesen auf sich.

FOTOGRAFIEREN

Bei Tempelzeremonien sollte man zurückhaltend fotografieren – das gilt auch für Nahaufnahmen von Menschen! Bei Tempelfesten im Dunkeln nicht blitzen! Die Balinesen glauben nämlich, dass das die Götter verscheucht. Farbfilme kann man günstig kaufen und auch in den meisten Orten preiswert und schnell, innerhalb von 45 Min., entwickeln lassen. Ebenso Digitalbilder auf Chips oder CD.

GELD

100 000 Rp. . . . . .7,10 € /7,42 SFr
1 € . . . . .14 012 Rp.
1 SFr . . . . .13 418 Rp.

Die indonesische Währungseinheit ist die **Rupiah** (Rp.). Bei Banken und den zahlreichen Geldautomaten bekommt man problemlos Bargeld mit **EC-Karte** oder Kreditkarte. **Kreditkarten** werden von größeren Hotels und Geschäften akzeptiert. In den Touristenzentren gibt es viele Geldautomaten. Empfehlenswert sind auch Reiseschecks oder US-$.
Öffnungszeiten der **Banken**: Mo–Fr 8–12, Sa 8–11 Uhr. **Moneychanger** haben meist von 8–20 Uhr geöffnet. **Devisen** dürfen in unbegrenzter Höhe eingeführt werden, indonesische Währung jedoch nur bis zu etwa 25 € pro Person.

KLEIDUNG

Zu empfehlen ist vor allem leichte Baumwollkleidung. In Hotels und den kleinen Losmen kann man Kleidung schnell und preiswert waschen lassen. Für das höher gelegene Inland Pullover und festes Schuhwerk nicht vergessen. In Behörden sollten Männer Hemd und lange Hosen tragen, Frauen Kleid oder Rock.

LINKS

www.balidiscovery.com
Sehr gute allgemeine Website, auch günstige Hotelbuchungen.

Klima (Mittelwerte)	JAN	FEB	MÄR	APR	MAI	JUN	JUL	AUG	SEP	OKT	NOV	DEZ
Tagestemperatur	31	31	31	32	31	30	30	30	30	31	32	31
Nachttemperatur	24	24	24	23	23	22	22	22	23	23	24	24
Sonnenstunden	5	5	5	7	7	7	7	7	7	7	6	6
Regentage pro Monat	16	13	10	6	5	5	4	3	3	5	8	13
Wassertemperatur	28	28	28	29	28	28	27	27	27	27	28	29

www.balieats.com
Ausführliche Infos über Restaurants auf der Insel.
www.indojunkie.com
Von jungen Leuten gemacht. Aktiver Urlaub und Nachhaltigkeit sind Trumpf. Wird regelmäßig durch neue Tipps und Touren aktualisiert.
www.bali-tourism-board.com
Die offizielle Stimme von Balis Tourismusindustrie mit vielen Informationen über die Insel. Eignet sich aufgrund zahlreicher Hoteltipps und Veranstaltungshinweise gut zur Vorbereitung auf die Reise.
www.tourismus-indonesien.de
Die Website des indonesischen Tourismus-Büros in München bietet erste Grundinformationen über Indonesien und Bali auf Deutsch.
www.welikebali.com
Insidertipps. Der Blog wird von Leuten betrieben, die auf Bali leben, und richtet sich vor allem an jüngere User. Es gibt laufend aktuelle Tipps zu neuen Surfspots sowie zu Cafés und Unterkünften.

MEDIZINISCHE VERSORGUNG

Beim Essen und Trinken ist Vorsicht geboten, wenn man sich keine Infektion zuziehen will. Das fängt beim Genuss von Wasser an: nur abgekochtes Wasser trinken, möglichst auch zum Zähneputzen nur steriles Wasser benutzen, bei Getränken auf Eiswürfel verzichten. Um einer Hepatitis vorzubeugen, empfiehlt es sich, kein rohes Gemüse und Obst nur geschält zu essen.
Im Krankheitsfall übernehmen einheimische Kliniken und Ärzte die medizinische Versorgung. Die Ärzte in den großen Hotels entsprechen allerdings eher den Ansprüchen ausländischer Touristen.

KRANKENVERSICHERUNG

Die gesetzlichen Krankenkassen übernehmen keine Behandlungskosten. Sinnvoll ist daher der Abschluss einer privaten Zusatzversicherung vor Antritt der Reise. Bei einer ernsthaften Krankheit oder Verletzung (speziell bei Kindern) ist es sicherer, sich sofort nach Australien oder Singapur in ärztliche Behandlung zu begeben. Kleine Kratzer oder Verletzungen sollte man sofort desinfizieren, da sie in den Tropen schwerer heilen.
Impfungen sind für die Einreise nicht vorgeschrieben, außer für Reisende, die sechs Tage vor der Einreise ein mit Gelbfieber infiziertes Gebiet besucht haben. Empfohlen werden Impfungen gegen Cholera, Hepatitis, Polio, Tetanus und Typhus sowie eine Malaria-Prophylaxe.
Allgemeine Infos im Internet: www.fit-for-travel.de

KRANKENHAUS

Klinik SOS
Medika ▸ Klappe hinten, östl. c 4
Jl. By Pass Ngurah Rai 505X, Kuta • Tel. 03 61/71 05 05 • www.sos-bali.com • 24 Std. tgl.

APOTHEKEN

Apotheken gibt es in fast jedem Ort. Sie heißen »apotik« oder »toko obat«.

NEBENKOSTEN

1 Tasse Kaffee	0,40 €
1 Bier	1,00 €
1 Cola	0,45 €
1 Schachtel westliche Zigaretten	1,50 €
1 Liter Benzin	0,50 €
Fahrt mit öffentl. Verkehrsmitteln (Einzelfahrt)	0,30 €
Mietwagen/Tag	ab 15,00 €

NOTRUF
Ambulanz
Tel. 118 oder 119
Feuerwehr
Tel. 113
Polizei
Allgemein Tel. 110
Kuta Tel. 03 61/75 19 98

POST
Größere Orte haben Postämter. Oft wird das Postamt durch einen Postal Agent, der an einen Laden angeschlossen ist, vertreten. Öffnungszeiten der Post: Mo–Do 8–14, Fr bis 11, Sa bis 12.30 Uhr.
Luftpostbriefe nach Europa können durchaus 14 Tage unterwegs sein. Auf den Postämtern gibt es Poste-restante-Schalter. Man bekommt dort seinen Brief gegen eine geringe Gebühr ausgehändigt.

REISEKNIGGE
Das Wichtigste, um einen guten Kontakt zur balinesischen Bevölkerung zu bekommen, ist ein Lächeln. Niemals sollte man sich öffentlich auseinandersetzen oder aggressiv werden, sonst »verliert man sein Gesicht«.
Körperkontakte zwischen Männern und Frauen in der Öffentlichkeit sind tabu. Auf keinen Fall sollte man Balinesen, die man nicht kennt, berühren, wenn man sich unterhält oder etwas fragt. Ebenso verpönt ist es, mit dem Finger auf jemanden zu zeigen.
Da Füße als unsauber gelten, ist es absolut unhöflich, sie auf den Stuhl zu legen, geschweige denn auf den Tisch. Auch die linke Hand gilt als unrein. Zum Essen benutzt man nur die rechte; so auch, wenn man jemanden begrüßt oder ihm etwas reicht. Bevor man ein Haus betritt, immer Schuhe ausziehen.
Frauen, die ihre Periode haben, oder Menschen mit blutenden Verletzungen dürfen keine Tempel betreten, da Blut als rituelle Verunreinigung gilt. Bei Tempelbesuchen ist es unbedingt erforderlich, einen Schal um die Hüfte zu binden.

REISEWETTER
Bali hat ein ausgewogenes Klima; die Temperaturen schwanken im Jahresverlauf kaum. In den Niederungen ist es tropisch warm, in den Bergen kühler mit Temperaturgefällen von bis zu 10 °Celsius. Jahreszeitliche Unterschiede bestehen jedoch hinsichtlich der Niederschläge: Von April bis Oktober herrscht eine Trockenperiode, die hin und wieder von Regenschauern durchbrochen wird. Von November bis März, in der feuchten Zeit, muss man einige verregnete Tage in Kauf nehmen. Da auf Bali immer ein frischer Wind weht, wirkt sich die hohe Luftfeuchtigkeit von bis zu 80 Prozent nicht unangenehm aus. Die schönste Reisezeit sind die Monate von Mai bis Oktober. Zu dieser Zeit ist Bali, zumindest im Juli und August, allerdings überlaufen.

STROMSPANNUNG
In den Touristenzentren 220 Volt, in kleineren Orten im Landesinneren 110 Volt. Ein Adapter für die Steckdosen wird benötigt.

TELEFON
VORWAHLEN
D, A, CH ▶ Indonesien 00 62
Bali ▶ D 0 01 49
Bali ▶ A 0 01 43
Bali ▶ CH 0 01 41

Im Süden der Insel haben alle Orte die Vorwahl (0)361, im Norden (0)362, im Osten (0)363, im Westen (0)365. Im Zweifelsfall kann man versuchen, auch die nördlichen Ortschaften über (0)361 zu erreichen. Telefonieren nach Europa ist von einigen Büros aus, die Direktanschluss haben, möglich. Die Preise sind unterschiedlich. Als Orientierung: Die Gebühr für 3 Min. nach Europa beträgt etwa 5 €. R-Gespräche können über den Service »Deutschland Direkt« der Telekom geführt werden. Tel. 00 18 01 49

TRINKGELD
Ein Trinkgeld wird grundsätzlich gern gesehen, da Kellner und Hotelangestellte auf Bali sehr wenig verdienen; in manchen Restaurants haben sie nur Kost und Logis frei. Taxi- und Bemofahrer bekommen in der Regel kein Trinkgeld, Gepäckträger auf dem Flughafen pro Gepäckstück 5000 Rp.

VERKEHR
BEMO UND BUS
Es sind stets so viele Busse, Kleinbusse und Bemos unterwegs, dass man immer vorwärtskommt. Diese Art, die Insel zu erkunden, ist sehr kommunikativ: Man hat schnell Kontakt zur balinesischen Bevölkerung, da die Mitreisenden eng beieinander sitzen. Hühner, mitunter gar Schweine reisen zwischen Reissäcken und Gemüsekörben mit. Bemos sind Kleinlaster, deren Ladeflächen mit Sitzbänken längs der Fahrtrichtung ausgestattet sind, sie haben keine festen Fahrpläne. Stellen Sie sich einfach an die Straße und stoppen Sie die Fahrzeuge. Da es keine festen Haltestellen gibt, kann man auch jederzeit aussteigen; Sie müssen sich nur beim Fahrer bemerkbar machen.

Wer nicht zu viel zahlen will, achtet am besten darauf, was die Balinesen geben, und hält den gleichen Betrag in abgezählten Münzen bereit, denn Rückgeld kann man nicht erwarten. Wer fragt, wie viel es kostet, zahlt automatisch mehr.

FAHRRÄDER
Fahrräder kann man in Seminyak und Legian sowie in Ubud ab 10 000 Rp. pro Tag mieten.

LINKSVERKEHR
Auf Bali herrscht Linksverkehr. Achtung: Der Zustand der meisten Straßen erfordert Konzentration und gutes Reaktionsvermögen. Nachts sind die Straßen unbeleuchtet.

MIETWAGEN
Mit einem internationalen Führerschein kann man bei zahlreichen Verleihfirmen Wagen ausleihen. Am meisten verbreitet ist der Suzuki Jeep, der ab etwa 200 000 Rp. pro Tag zu haben ist.

In Kuta, wo die Konkurrenz der privaten Verleihfirmen am größten ist, bekommt man Autos auch preiswerter. Überall am Straßenrand bieten sich Fahrer mit ihren Fahrzeugen für Tagestouren an. Inklusive Benzin bezahlt man ca. 360 000 Rp. Noch ein Tipp: Bevor Sie den Mietvertrag unterschreiben, sollten Sie das Fahrzeug auf augenfällige Schäden untersuchen, eine Probefahrt machen und Bremsen und Beleuchtung überprüfen. Benzin ist ausgesprochen preiswert, der Liter kostet 0,50 €. Auf den Dörfern wird es auch aus dem Fass verkauft.

MOTORRÄDER

Man benötigt einen Führerschein Klasse I, und es besteht Helmpflicht. Die Mietgebühr beträgt je nach Maschine um die 20 000 Rp. am Tag. Achtung: Die Motorräder sind nicht immer in Ordnung!

TAXIS

Taxis mit Taxameter gibt es nur in Balis Süden (Kuta, Denpasar, Sanur und Nusa Dua). Der Preis pro Kilometer beträgt 850 Rp., die Grundgebühr 5000 Rp. (Tel. 70 11 11, 28 90 90). Ansonsten hält man ein Bemo oder einen Kleinbus an.

ZEITUNGEN

Deutsche Tageszeitungen sind in einigen Hotels mit viel Verspätung erhältlich. In der Donnerstagsausgabe der »Jakarta Post« erscheint eine Rubrik »Where to go in Bali«. Kostenlose Magazine mit aktuellen Veranstaltungskalendern liegen aus.

ZEITVERSCHIEBUNG

Mitteleuropäische Zeit plus 6 Std., bei Winterzeit plus 7 Std.

ZOLL

Die Einfuhr von Elfenbein, Tierfellen, Schildpatt und Schlangenhäuten ist untersagt. Gegenstände, die älter als 50 Jahre sind, dürfen nur mit einer Exportlizenz ausgeführt werden. Reisende aus Deutschland und Österreich dürfen Waren im Wert von 430 € (Jugendliche: 175 €) abgabenfrei mit nach Hause nehmen, Reisende aus der Schweiz im Wert von 300 SFr. Die Waren müssen für den privaten Gebrauch vorgesehen sein. Tabakwaren und Alkohol fallen nicht unter diese Wertgrenze und bleiben in bestimmten Mengen abgabenfrei (z. B. 200 Zigaretten, 4 l Wein).

Weitere Auskünfte unter www.zoll. de, www.bmf.gv.at/zoll und www. zoll.ch.

ENTFERNUNGEN (IN KM) ZWISCHEN WICHTIGEN ORTEN

	Amlapura	Batur	Bedugul	Denpasar	Klungkung	Kuta	Negara	Nusa Dua	Sanur	Singaraja
Amlapura	–	60	104	70	39	75	152	83	65	89
Batur	60	–	69	70	51	78	142	88	68	64
Bedugul	104	69	–	52	93	58	104	70	59	28
Denpasar	70	70	52	–	42	10	95	19	11	80
Klungkung	39	51	93	42	–	52	142	66	40	105
Kuta	75	78	58	10	52	–	102	17	15	90
Negara	152	142	104	95	142	102	–	118	106	111
Nusa Dua	83	88	70	19	66	17	118	–	25	104
Sanur	65	68	59	11	40	15	106	25	–	88
Singaraja	89	64	28	80	105	90	111	104	88	–

Orts- und Sachregister

Wird ein Begriff mehrfach aufgeführt, verweist die **halbfett** gedruckte Zahl auf die Hauptnennung. Abkürzungen: Hotel [H], Restaurant [R].